AF142827

Manuel de JE

Livre 1 - Concepts fondamentaux v1.1

Manuel de JE

Livre 1 - Concepts fondamentaux v1.1

Clément Metj

FSC
www.fsc.org
MIXTE
Papier issu
de sources
responsables
Paper from
responsible sources
FSC® C105338

© 2019 Clément Metge (Clément Metj)

Éditeur : BoD-Books on Demand
12-14 rond-point des Champs-Élysées, 75008 Paris
Impression : Books on Demand, Norderstedt, Allemagne

Illustration : *Jungle*, detail. - Klmt. - 2019

ISBN : 978-2-3220-3313-3
Dépôt légal : Mai 2019

"La seule chose qui brûle en enfer c'est la part de toi qui veut s'accrocher à la vie. Tes souvenirs, tes sentiments, on finit par te les bruler. Ce n'est pas une punition, c'est pour t'aider à libérer ton âme. Si tu as peur de la mort, si tu te cramponnes trop, tu vois des démons qui t'arrachent à la vie, mais si tu as fait la paix en toi, alors ces démons deviennent des anges qui t'affranchissent du poids de la terre. Tout dépend de la façon dont tu regardes les choses.
Ne t'en fais pas. Relax et remues les orteils."
Maître Eckhart
L'Echelle de Jacob - 1990

PREAMBULE

Cette œuvre est originale et présente ma manière de voir la vie. Je souhaite partager cette vision.

Le but de ce manuel est de définir un nouveau paradigme qui explique et décrit le monde et la place que vous occupez dans celui-ci. Ce livre se veut universel.

Il est composé de deux tomes.

Le premier, les concepts fondamentaux, pose les fondements du paradigme et définit les concepts et leurs articulations. C'est le texte fondateur.

Le second, le Manuel du Joueur, est une mise en application du paradigme. Il fournit des exemples pratiques et des conseils de jeu.

Pour introduire les concepts et décrire la topique, je m'appuierai sur quatre métaphores, chacune d'elle décrit une partie du paradigme. Le tout s'emboite pour former un tout.

Afin de ne pas confondre la définition que je donne avec le sens commun, les concepts sont marqués par un astérisque (*) et sont développés sous la forme de chapitres et repris dans la synthèse.

Les concepts décrits dans une métaphore peuvent être présent dans une autre mais sous un autre vocable. Ces mots différents qui désignent un même concept sont explicités dans la narration sous forme d'égalité. Par exemple Conscience* = Personnage*. Ces deux mots peuvent se substituer l'un l'autre dans la narration pour former de nouvelles phrases qui restent valides.

Si vous avez envie d'avoir une vue globale de l'ensemble du message, sans rentrer dans le détail des concepts, je vous invite à commencer par lire les quatre métaphores. Vous trouverez une table des matières en fin d'ouvrage à toute fin utile.

La seconde métaphore est la plus difficile à lire, car la plus technique, aussi n'hésitez pas à la sauter pour mieux pouvoir y revenir.

[Le présent paradigme présente un modèle en mode "joueur seul". Les aspects multi-joueurs seront abordés et développés dans le tome 2 de ce manuel.]

Note de version :

Le présent ouvrage est la version 1.1 du Manuel de JE. Cette nouvelle version ajoute de nouvelles illustrations, corrige de nombreuses fautes de grammaires, d'orthographe et de style. Certains chapitres ont été réécris pour être plus digestes. Le fond, lui par contre est strictement le même.

Ce manuel s'adresse à ceux qui sont perdus, à ceux qui cherchent, à ceux qui ont à douter et à faire des choix. Ceux qui ne savent pas, qui ne savent plus, qui ne veulent plus savoir.

Aux curieux, aux ignorants, aux sages, aux fous, aux rêveurs, aux joyeux.

À tous ceux qui voudront bien entendre ces paroles.

Ce livre s'adresse vous.

A ma mère. A ma femme.

A mes enfants.

INTRODUCTION

Après tout vous êtes là, autant vous en réjouir.

Bienvenue dans le manuel de JE, livre 1, les concepts fondamentaux.

Vous, qui lisez ce livre ou entendez ces paroles, êtes le personnage*.

Le jeu auquel vous êtes en train de participer est tellement immersif qu'il vous a fait oublier qui vous êtes. Vous avez oublié votre véritable nature.

Dans ce jeu, votre esprit* habite une multitude de corps* dans différentes dimensions*, vos autres vous. Vous, ici-là-maintenant êtes un de vos personnages*.

A votre naissance vous commencez une partie. Vous ne vous rappelez de rien.

Votre représentation* du monde s'est construite au fil de votre développement. On vous a transmis. Vous avez appris et compris par vous-même.

Vous ne savez pas ni pourquoi vous êtes ici, ni à quoi sert votre existence.

Votre vie n'est pas facile. Votre réalité vous heurte. Les épreuves que vous devez affronter sont nombreuses et variées. L'illusion* vous trompe et vous leurre. Vous vous attachez* à des choses qui vous font souffrir. Vous êtes en prise avec le réel*.

Pour dérouler le paradigme, je vais m'appuyer sur quatre métaphores. Celles-ci introduisent les concepts qui seront détaillés dans des chapitres dédiés.

La première métaphore, celle du conducteur de char, explique comment votre corps* produit la représentation* qui devient votre réel*.

La seconde, celle du jeu-vidéo, explique le fonctionnement de la Machine* et comment vous êtes en réalité plus qu'un personnage*. Votre esprit* habite en réalité plusieurs autres vous que vous incarnez successivement* et simultanément*.

La troisième métaphore, celle du labyrinthe, dévoile votre part divine et donne un sens à votre vie.

La quatrième et dernière métaphore, celle du rêve, englobe les trois précédentes et donne une vision globale. Elle présente le but ultime du jeu.

LA METAPHORE DU CONDUCTEUR DE CHAR

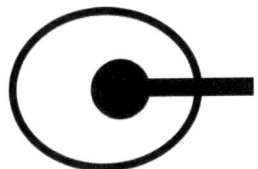

Imaginez un véhicule dans lequel la personne qui pilote n'a pas de vision directe sur l'environnement extérieur. Par exemple un tank hermétiquement fermé, sans aucune fenêtre ni périscope, ou un sous-marin, sans aucun hublot.

Dans ce véhicule entièrement clos, les pilotes n'ont aucune vision directe sur l'environnement extérieur.

Les pilotes ne voient l'environnement extérieur que grâce aux images que le véhicule met à leur disposition dans la salle de pilotage.

Imaginez que les images de ce que perçoivent les capteurs de l'environnement extérieur soient projetées sur les murs de la salle de pilotage. Les écrans sont confondus avec les cloisons. L'illusion est totale. Les pilotes croient voir directement le monde extérieur.

En réalité ils ne voient que la représentation* que leur produit le véhicule.

Aussi réaliste que soit cette représentation* de l'objet, ce que voient les pilotes n'est pas l'objet lui-même mais seulement la représentation* que leur fournit le véhicule.

Imaginez maintenant que les pilotes soient nés dans ce véhicule et n'aient jamais pu en sortir. Ils n'ont jamais vu le monde extérieur directement de toute leur vie. Ils n'ont à leur disposition que les images représentées sur les murs de la salle de pilotage. Celle-ci est tout entière baignée dans ce qui est projeté. Tout est comme si le véhicule était ouvert sur l'extérieur ; comme si ce qui était affiché *était* le monde extérieur. Le pilote vit dans l'illusion.

Faisons le parallèle avec vous.

Votre corps* est le véhicule.

Votre esprit* est le pilote ou l'équipage.

Votre corps* perçoit les informations, les transforme et produit la représentation* que voit votre esprit*.

La représentation* est les images projetées sur la cabine de pilotage.

Votre esprit* n'a pas une perception directe du monde extérieur. Il ne voit que les représentations* générées par votre cerveau, votre corps*.

Vous croyez que ce que vous vous représentez *est* le monde extérieur. Vous baignez dans l'illusion*.

Environnement extérieur
Univers / Monde
(?)

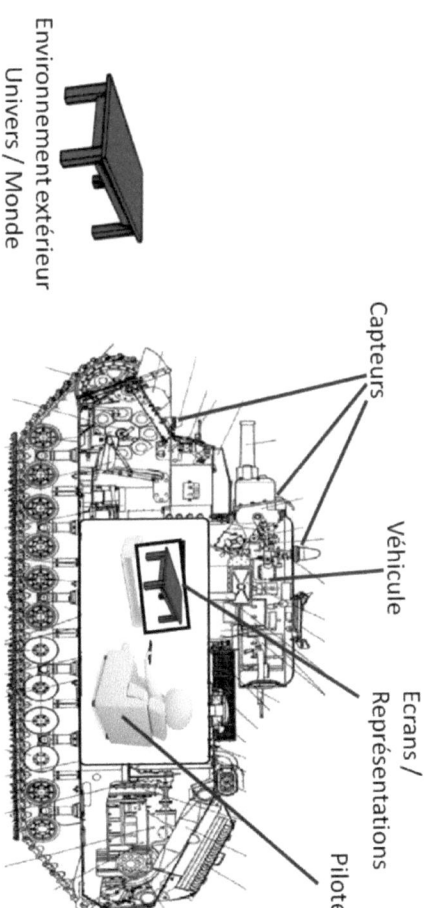

Capteurs

Véhicule

Ecrans /
Représentations

Pilote

La métaphore du conducteur de char - Structure du char

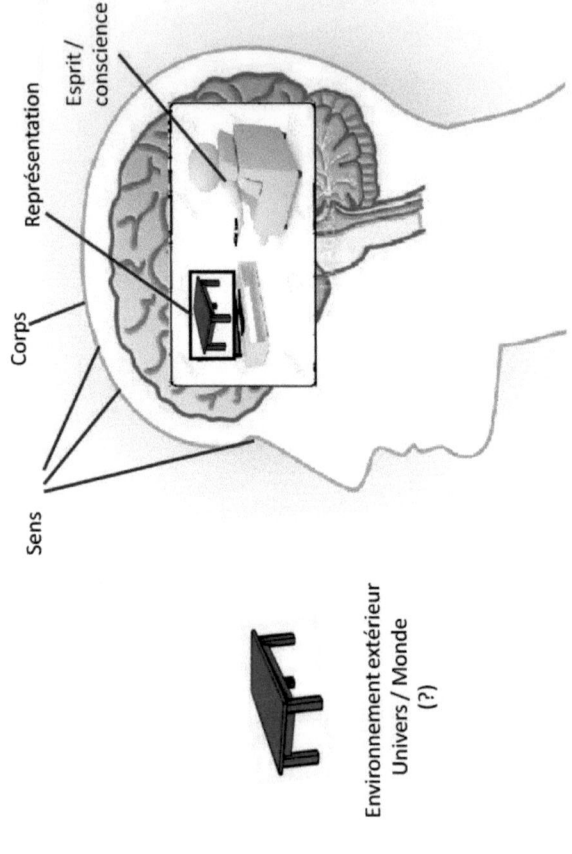

La métaphore du conducteur de char - Structure de l'homme

LE CORPS

Votre corps* est l'enveloppe, le réceptacle dans lequel votre esprit* se branche. On peut parler alors de *corps habité**, dans le sens d'habité par votre esprit.

Votre corps* est l'ancrage, le point d'entrée de votre esprit*. Il évolue dans un univers qui est dans une dimension*.

Votre corps, grâce à votre cerveau, produit la représentation* que l'esprit* consomme.

L'esprit* commande le corps*, mais c'est toujours le corps* qui réalise. L'esprit* a besoin du corps* pour agir et n'a pas de prise direct sur l'environnement.

Votre corps* est mortel.

Votre corps* évolue et apprend, à ce titre il possède une expérience, l'*expérience du corps**[1].

---

[1] Voir Tome 2 - Le Manuel du Joueur.

LA REPRESENTATION

Il n'y a pas de limite à ce qui peut-être représenté. La seule limite est votre imagination.

La représentation* est ce que votre corps* met à disposition de votre esprit* pour que celui-ci puisse vivre et appréhender le réel*.

La représentation* est l'aboutissement de toute l'intelligence de votre corps*.

La raison d'être de votre cerveau est de générer la représentation* au travers duquel votre esprit* va se confronter au réel.

Elle est l'interface entre votre corps* et votre esprit*.

La représentation* est ce que vous voyez, entendez, imaginez...

Vous ne vivez qu'à travers elle. Elle est votre seul entrant pour connaître votre environnement extérieur. Elle est votre réel*.

Les représentations* sont ce que vous voyez ou imaginez. Le rêve que vous faîtes en dormant, l'image que vous vous faîtes de ce que l'on vous raconte, votre vision du futur, vos anticipations et planifications, vos souvenirs que vous vous remémorez sont des représentations*.

La représentation* est générée en continu et mise à jour automatiquement, et cela de manière totalement transparente pour vous.

Toutes les représentations* sont de même nature, elles sont issues de votre psyché, fruit de votre corps*. Elles sont toutes formées de la même matière et ont les mêmes caractéristiques. Un souvenir d'un rêve est aussi tangible qu'un souvenir dans votre vie "réveillé".

Votre représentation* n'est pas constituée que d'images ou de sons ; vos sentiments, peurs, hontes ou préférences sont intégrées à votre représentation* et la colorent.

Les objets qui la composent sont pondérés. C'est-à-dire que votre représentation* porte en elle des informations sur ce que vous avez défini comme important, souhaitable, favorable et sur ce qui ne l'est pas.

La pondération oriente en grande partie votre manière de voir les choses, elle vous influence.

La représentation* est enrichie par les significations, les émotions et les liens sémantiques qu'elle contient.

Par exemple si vous regardez une table, en plus des informations visuelles, la représentation* comporte d'autres types de données comme son nom, sa fonction, ses caractéristiques.

La table que vous vous représentez n'existe que dans votre propre référentiel, ses coordonnées sont celles de votre réalité. Elle est dans cette pièce qui est dans cette maison. Pièce et maison qui sont dans votre représentation*.

En fonction du contexte, votre représentation* peut-être enrichie par des analyses supplémentaires que votre esprit* demande afin d'avoir des informations qu'elle ne contient pas à priori.

Par exemple vous regardez une table et on vous demande son poids, poids que vous n'avez pas estimé à priori. Votre esprit* va demander à votre corps* l'estimation du poids de la table. Le résultat du traitement va s'ajouter à la représentation* et ainsi l'enrichir.

Vous pouvez charger d'affect les objets de votre représentation*.

La table que vous vous représentez peut-être importante pour vous ou à l'inverse vous pouvez à peine la remarquer.

Vous pouvez aimez ou ne pas aimer cette table ou vous l'ignorez totalement.

Si vous la chargez d'affect elle deviendra unique et importante pour vous. Elle aura alors des caractéristiques bien à elle. Vous remarquez la tâche ici, l'éraflure là. Si vous ne la chargez pas d'affect, vous ne verrez pas ses détails. Elle n'aura pas d'importance à vos yeux. Elle sera une table parmi tant d'autre. Plus vous mettez d'affect, plus l'objet a de valeur à vos yeux et augmentera votre attachement*. Il sera en outre plus prioritaire.

La représentation* possède en outre des méta-processus qui analysent le processus de création de la représentation* elle-même pour savoir s'il elle est cohérente. Ces processus font preuve d'esprit critique sur le contenu et la structure de la représentation* et sur son processus de génération.

La représentation* est liée au processus d'apprentissage.

Si la représentation* que vous vous faîtes d'un objet n'est pas correct par rapport à ce qu'il est réellement, et que vous vous en rendez-compte, par exemple, que vous vous êtes trompé sur sa taille ou sa fonction, alors il y a étonnement, correction puis mise à jour de la représentation* et des mécanismes sous-jacents. Vous vous adaptez. Votre représentation* évolue.

Vos représentations* s'accumulent et se structurent pour former vos souvenirs. Elles deviennent votre mémoire, votre passé, votre histoire.

Un souvenir est un ensemble de représentations* mises ensemble et ordonnées que vous pouvez revisualisez.

La représentation* est produite par le cerveau et en tant que telle appartient au corps*.

Lorsque votre corps* meurt les représentations* et les souvenirs disparaissent. Il ne reste plus que l'expérience* que votre esprit* a acquit.

Tout est dans l'œil de celui qui regarde. Il existe autant de table que de gens qui la voit.

Réel* = une vie / votre vie = un rêve* / Le rêve* que vous êtes en train de vivre = l'ensemble de vos représentations* en train d'être vécu

Le réel* est constitué de l'ensemble de vos représentations* vécues et structurées en un tout global. C'est votre vie.

Vos souvenirs forment votre réel*.

Le réel* est la représentation* qui est en train d'être vécu par une conscience*.

Pour être réel* une représentation* doit être vécue.

Le réel* est constitué des représentations* auxquelles vous êtes confrontées, et qui s'archivent pour devenir votre mémoire, votre histoire.

Le réel* est subjectif. Il n'existe pas un réel*, il n'existe que votre réel*.

Un réel* est une vie.

Le réel* est lié à la conscience* qui vit et éprouve et est constituée de représentations*.

Vous avez autant de réel* que de personnages*.

Chaque personnage* a son propre réel*.

Quelque chose de l'ordre du vertige, un regard lancé vers l'infini.

LA PRIMAUTE DE LA REPRESENTATION

Concentrez-vous sur la représentation que vous avez de l'objet, pas sur l'objet lui-même.

La *représentation prime**, veut dire que l'objet, votre univers existe avant tout en vous et par vous.

Votre représentation* à plus de pouvoir et d'importance que l'objet véritable, supposé existant hors de vous.

Si vous croyez que tel objet a telle propriété, indépendamment qu'il l'ait vraiment ou pas, alors il aura ces propriétés.

Par exemple, si dans votre représentation* vous croyez qu'un objet vous apporte du réconfort, vous calme ou vous guérit, il aura cet effet sur vous.

Si dans votre représentation*, vous croyez que votre adversaire est plus fort que vous, il le sera. Si dans votre représentation*, vous croyez que tout est possible, ça le sera.

La primauté* est le pouvoir de la représentation. Le pouvoir de la croyance, de la suggestion qui transforme la représentation* du monde dans lequel vous évoluez et du coup votre réel*.

Pour agir sur le monde, agissez sur vos représentations.

L'ILLUSION D'EXTERNALITE

Une illusion* est d'avoir une impression fausse qui trompe votre vision et vous leurre. C'est une certitude erronée qui s'impose à vous.

Il existe plusieurs illusions, la grande illusion est celle d'externalité, c'est celle décrite dans ce chapitre. Ensuite les illusions propre à votre statut de personnage*, les illusions de continuité, de fraicheur, de liberté et de mort. Enfin les illusions du rêve, d'irresponsabilité, de réalité, de séparation, et d'avoir un corps. Elles seront décrites dans les chapitres suivants.

L'illusion* dont il est question ici est la grande illusion, celle d'externalité. C'est l'impression que votre représentation* du monde est le monde, et que vous croyez que ce que vous voyez à l'intérieur de vous est en dehors de vous.

Vous n'avez pas l'impression que vous et l'objet êtes la même entité. L'objet devant vous semble être différent de vous. Vous n'êtes pas lui, il n'est pas vous. L'illusion donne à penser que vous êtes séparé de l'objet que vous vous représentez et que vous êtes des entités distinctes.

Pour illustrer ; Dans un rêve*[2], le rêvé*, c'est-à-dire le personnage* croit qu'il est différent de l'objet qu'il voit devant lui. Il lui semble extérieur à lui. L'illusion* lui donne à penser que lui et l'objet sont des entités différentes.

En réalité le rêvé* et les objets de son environnement, c'est-à-dire le rêve*, sont le fruit du rêveur* et sont une même entité.

---

[2] Voir chapitre - La métaphore du rêve.

Tout est comme si le monde qui vous est donné à voir était hors de vous. L'objet vous paraît loin. En réalité, vous ne voyez pas l'objet, vous ne voyez uniquement que la représentation* que vous vous faîtes de lui, représentation* qui est à l'intérieure de vous. L'objet vous paraît loin mais il est en vous.

Vous avez l'impression que la table est dans la pièce. En réalité la table et la pièce sont toutes deux dans votre tête, à l'intérieur de vous. Vous ne faîtes qu'un avec elles. Tout comme le rêvé* fait un avec le rêve*. Les choses vous semblent extérieures, mais c'est illusion*. En réalité votre univers est tout entier en vous. Il ne fait qu'un avec vous. Votre univers n'est fait que de représentations*. Représentations* qui sont dans votre tête et qui forment votre réel*.

Trompé par l'illusion* vous cherchez les solutions et les causes à l'extérieur mais vous n'arrivez à rien. Tant que vous chercherez en dehors de vous, votre énergie et votre volonté seront gâchées alimentant l'illusion* en vain.

En tant que personnage*, il est très important que vous gardiez en tête que la représentation* de l'objet n'est pas l'objet lui-même. L'objet est en vous. C'est en cherchant à changer votre représentation* de l'objet que vous changerez l'objet.

La solution est en vous. Cherchez à vous convaincre vous-même. Cherchez à vous changer vous-même. Cherchez à vous maîtriser vous-même. Priez-vous vous-même.

L'illusion* est produite par la Machine*. Pour vous en affranchir, vous allez devoir atteindre la fusion*, puis l'éveil*.

Cherchez en vous. C'est là qu'est la clé.

AU-DELA DE VOUS-MEME - LE PROBLEME DE LA REALITE

Comment le personnage dans le rêve peut-il savoir qu'il est dans un rêve ?

Le *problème de la réalité** consiste à s'interroger sur la différence qui existe entre la représentation* de l'objet que vous gênerez et que vous voyez, et l'objet lui-même, supposé existant, supposé existant car vous ne le voyez pas directement ; vous ne le voyez qu'au travers de votre représentation*, rien ne vous garantie que le monde existe réellement en dehors de celle-ci.

L'objet que vous voyez extérieur à vous, une table par exemple, cette table est supposée existante en dehors de votre représentation*. La "véritable" table, objective, si elle existe, pourrait être de nature très différente de ce que vous percevez. Elle pourrait être par exemple une série d'équations, de coordonnées, d'attributs et de fonctions, qui avec les traitements appropriés de votre cerveau, deviendrait dans votre représentation* une table en volume et couleur. Vous voyez la table mais rien ne vous dit qu'elle est véritablement comme vous la voyez en dehors de votre représentation, ni même qu'elle existe "véritablement". Vous pourriez rêvez cette table.

Si vous demandez à un de vos proche si lui aussi partage le fait qu'il voit la table tout comme vous, et donc qu'elle existe bel et bien à l'extérieure de vous, puisque lui aussi la voit ; cet avis peut vous sembler pertinent, car venant d'un autre, mais c'est illusion*, car cette personne fait partie elle aussi de votre représentation*. Cette personne aussi est à l'intérieure de vous. Autrui est un objet animé de votre représentation*.

C'est l'illusion* qui vous fait croire que autrui est différent de vous.

Si vous vous faîtes mal, la douleur sera bien réelle ; Aussi vive que celle-ci soit, cette douleur fait partie de votre représentation*.

Si le véhicule est en mode simulation, ce qui est projeté sur les murs de la salle de pilotage ne correspond pas à l'environnement extérieur du véhicule. Le pilote croit rouler dans le désert alors qu'il est en mode simulation dans un garage.

Du fait qu'il ne peut pas sortir du véhicule, le pilote ne peut pas le savoir. De la même manière, vous ne pouvez pas savoir si votre monde existe véritablement au-delà de vous, au-delà de votre représentation*.

Peut-être n'êtes vous juste qu'un cerveau maintenu dans un bocal et qui rêve. Vous ne pouvez pas le savoir. Le monde en dehors de vous ne vous est pas accessible, seule la représentation* que vous générez est à votre portée. Vous n'avez pas d'autres référentiels.

Pour résoudre le *problème de la réalité** il faudrait que vous puissiez voir au-delà de votre représentation*, dans l'objectivité, en dehors de vous. Savoir ce qu'il y a en dehors du véhicule, mais vous ne pouvez pas en sortir.

Vous êtes prisonnier de votre subjectivité. Vous ne pouvez pas aller voir en dehors de vous-même.

Cette fin de non recevoir est une réponse en soit. Le *problème de la réalité** est un faux problème.

Vous ne pouvez pas savoir si vous êtes dans un rêve ? Soit. Vous pouvez néanmoins avoir une certitude, votre réel*, votre vie existe bel et bien puisque vous la vivez en ce moment même, et c'est seulement cela qui a de l'importance.

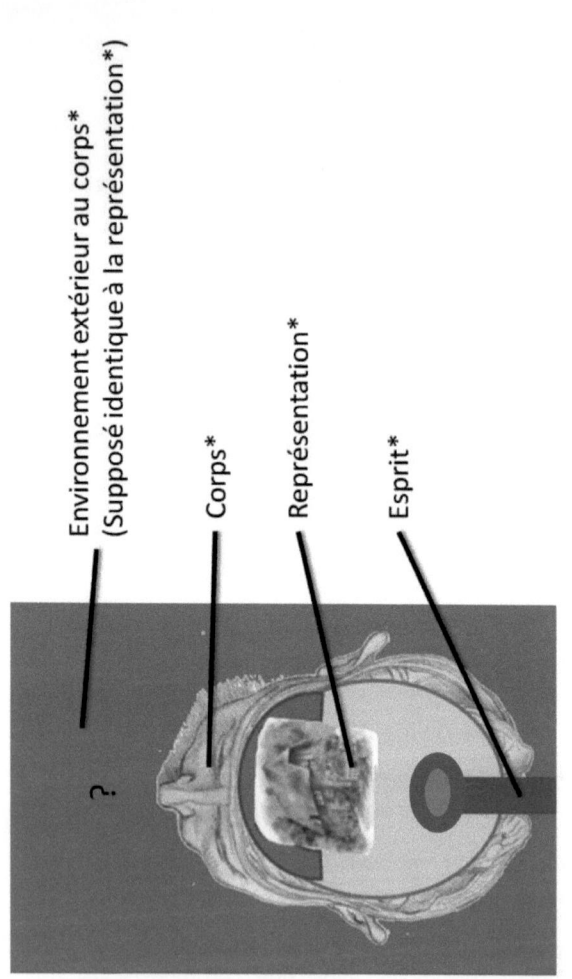

Environnement extérieur au corps*
(Supposé identique à la représentation*)

Corps*

Représentation*

Esprit*

?

L'environnement extérieur au corps existe-t-il ?

LA METAPHORE DU JEU-VIDEO

Dans la métaphore précédente nous avons vu comment vous créiez et viviez votre réel*. A partir de maintenant, nous aurons à traiter avec des concepts qui sont différentes facettes* de vous, autant de points de vue et de consciences*. Dans la métaphore du jeu-vidéo il y a le *vous-personnage** qui est dans le jeu, et il y a le *vous-joueur*[3] qui tient la manette. Ce sont deux facettes* distinctes de ce que vous êtes en totalité, qui n'ont pas la même vision du jeu. Plus loin, dans la métaphore du labyrinthe, le concept de *vous-joueur*[3] sera remplacé par celui de *vous-créateur**. Dans la narration il est important de bien comprendre à qui je m'adresse, vous-personnage* ou vous-créateur*, je décris ainsi des points de vue différents qui sont autant de facettes de vous.

Imaginez un ordinateur ou une console de jeu avec un grand écran et une manette.

Cet ordinateur vous permet de jouer à un jeu dans lequel vous incarnez un personnage* qui évolue dans un univers.

Vous êtes le joueur[3] du jeu tout en étant aussi les personnages* du jeu.

---

[3] Le concept de joueur sera remplacé par celui de créateur* dans la métaphore du labyrinthe.

L'ordinateur vous donne la possibilité de créer plusieurs parties et avoir ainsi plusieurs personnages*.

Vous avez la possibilité de sauvegarder la progression de vos personnages* à différents moments du jeu. Grâce à ces points de sauvegarde vous pouvez charger une partie dans la configuration exacte où elle était.

Vous ne pouvez jouer qu'à une seule partie à la fois. Bien que vous ayez plusieurs personnages*, vous ne pouvez avancer qu'avec celui avec lequel vous jouez. C'est le *personnage actif** qui seul progresse, celui sur lequel se place votre attention* de joueur[4]. Il n'y a qu'un *personnage actif** par joueur[4].

Vos autres personnages* avec lesquelles vous ne jouez pas, sont figés, en attente d'être chargés. Ils sont dits passifs.

Imaginez maintenant que les personnages* que vous dirigez dans le jeu-vidéo soient dotés de toutes les pensées et sentiments propre à l'homme ; qu'ils aient peur de mourir ou d'échouer par exemple.

Ces personnages ont une vision erronée de leur véritable nature. Leur monde leur semble réel et tangible. Ils peuvent voir et toucher. Ils peuvent ressentir la douleur.

En réalité ce qu'ils sont véritablement leur échappent complètement. Les personnages du jeu, vos personnages* sont le produit d'une machine dont les mécanismes leur sont totalement inconnus. Les personnages* croit que leur univers ressemble à ce qu'ils perçoivent, que leur vie est linéaire ou qu'ils sont libre. Ils se trompent sur la nature même de leur existence. Ce qu'ils croient est faux. Des illusions les bernent.

---

[4] Le concept de joueur sera remplacé par celui de créateur* dans la métaphore du labyrinthe.

Maintenant faisons le parallèle avec vous.

L'ordinateur qui génère le jeu et les personnages*, la manette et l'écran, sont ce que j'appelle la Machine*. La Machine* génère le jeu et vous permet d'y jouer.

Un point de sauvegarde est une *bulle de conscience**. C'est une partie dans lequel vous pouvez projeter votre attention de joueur[5].

En tant que joueur[5] vous projetez votre volonté dans le jeu. Votre volonté de jouer crée l'esprit*.

L'esprit* est la structure des sauvegardes que vous avez à votre disposition. C'est le choix que vous avez sur le chargement des parties (commencer une partie, sauvegarde 1, sauvegarde 2...). C'est ce que j'appelle *l'arbre de vos vies**, qui est comme un cristal.

L'esprit* est aussi la partie que vous choisissez de charger et que vous êtes en train de jouer actuellement, c'est celle où vous placez votre attention* de joueur[5].

Le personnage* que vous dirigez actuellement est le *personnage actif**. C'est le vous-personnage*. C'est vous en train de lire ou d'entendre ces paroles, c'est votre conscience* en prise avec le réel* en ce moment même.

Votre réel* est cette partie de jeu-vidéo que vous vivez maintenant. C'est votre vie.

Le corps* du personnage* dans le jeu-vidéo est votre corps*.

La représentation* que génère votre corps* est ce que vit votre esprit* de joueur[5].Le joueur[5] voit cette représentation*.

---

[5] Le concept de joueur sera remplacé par celui de créateur* dans la métaphore du labyrinthe.

L'attention* de votre esprit* réalise des *sauts dimensionnels**. Il saute de conscience* en conscience*.

Lorsque votre esprit* est ailleurs, vous devenez une de vos autres consciences* qui devient active à son tour. Votre esprit* se projette dans un autre vous le temps d'un rêve ou d'une absence.

Tout comme le personnage dans le jeu, vous êtes trompé par l'illusion. Vous ignorez les rouages qui sous-tendent votre vie. La mort et l'éphémère vous angoissent. Vous êtes sujet aux *illusions du personnage**.

LA CONSCIENCE / LE PERSONNAGE

Conscience* = personnage* = f(Esprit* X Corps*) = *corps habité** en action.

Par défaut conscience* ou personnage* désigne la *conscience active** ou le *personnage actif**.

*Conscience active** = le *personnage actif** = Vous-maintenant-en-train-de-lire-ou-d'entendre-ces-paroles = *vous-personnage** = le rêvé*

Vos autres vous = vos autres personnages* (passifs) = vos autres consciences* = vous dans vos autres rêves*

Votre conscience* ou vous-personnage* est votre corps* habité par votre esprit* en prise avec le réel* en ce moment même.

La conscience* est difficile à décrire parce qu'elle est un produit. Le produit de votre esprit* qui habite votre corps* à un instant donné dans une dimension* donné. Elle est le *corps habité** en action.

Votre conscience* est ce que vous êtes, en train d'endurer le réel*, à cet instant précis. Elle est un de vos trois reflets*.

Chaque conscience* est unique et singulière. Dans une partie de jeu, la manière originale dont le corps* interprète les commandes du joueur[6] est la conscience*.

Il est important de comprendre que le *corps habité** fait ce qu'il peut pour faire ce que le joueur[6] lui commande de faire. Il affiche la représentation* et est commandé par l'esprit. Il a une manière bien à lui de faire les choses, en fonction de son

---

[6] Le concept de joueur sera remplacé par celui de créateur* dans la métaphore du labyrinthe.

état de santé, de ses compétences et de sa motivation. Le joueur[7] commande le personnage* exécute. Le joueur[7] ne peut pas exécuter directement une action car il n'est pas physiquement dans le jeu, c'est le personnage* qui doit le faire. C'est d'ailleurs un des drames du jeu. En effet, le personnage* possède un *inconscient** et n'est pas toujours enclin à suivre ce que lui demande de faire le joueur[7].

Le joueur[7] a un pouvoir d'incitation très fort sur le personnage* et a un style de jeu qui lui est propre. Il a sa propre manière de jouer, tout comme chaque personnage* à sa propre manière d'interpréter et de faire ce que lui commande le joueur[7]. La singularité avec lequel la conscience* exécute et comprend les ordres de l'esprit* est l'essence même de la conscience*.

Votre conscience* est votre empreinte, votre singularité, votre subjectivité en action. Vous en train d'être confronté à votre vie, à votre réel* et votre manière d'y faire face en ce moment même. Elle est une temporalité. Elle est ce moment que vous êtes en train de vivre. Elle évolue en fonction de l'état d'esprit dans lequel vous êtes.

La conscience* est votre manière d'être et de faire quelque chose. Faire quelque chose en trainant les pieds, n'est pas identique à faire la même chose avec entrain, même si le résultat peut paraître similaire.

La conscience* est plus que les éléments qui la composent (esprit* et corps*), c'est un produit émulé. Comme le feu, elle est changeante, mouvante, au grès des situations, c'est une entité éphémère, comme la flamme.

Vivre et endurer la vie produit la conscience*. Celle-ci n'est ni le couteau ni la meuleuse. Elle est les étincelles provoquées

---

[7] Le concept de joueur sera remplacé par celui de créateur* dans la métaphore du labyrinthe.

par l'affutage de la lame. Elle est la vie qui anime et qui éprouve. Elle est le personnage* qui endure le réel*, qui aime, s'investi et souffre. Elle est chaque souffle de vie indépendamment. Elle est votre esprit* rendu sujet qui se confronte à la vie. Elle est votre subjectivité en train d'être.

Votre conscience* est composée de vos sentiments et de vos émotions, vos doutes et vos souffrances, vos peurs et vos espoirs. Elle est votre humeur, envies et aspirations du moment. Elle est l'intime, ce vous qui a peur et qui n'ose pas se l'avouer, ce profondément humain là. Elle est la sincérité et la justesse même dans le mensonge, même dans le déni, même dans l'erreur. A ce titre, la conscience* possède un inconscient* qui la sépare de l'état de fusion* avec le créateur*[8].

Votre conscience* est votre bien le plus précieux, le plus beau que vous puissiez produire. Elle est absolument centrale, car c'est sa forme et sa couleur qui est conservée. C'est elle qui est évaluée, qui a de la valeur, car c'est par elle que vous pouvez atteindre la fusion* puis l'éveil*. Elle est à la fois le but et le moyen de finir le jeu.

La conscience* est mortelle. Son cycle de vie est identique à celui du corps*. Lorsque le corps* meurt, la conscience* se fige et se cristallise. Dans votre agonie, le fil de votre vie s'enroule sur lui même, tous les éléments qui composent, les représentations, les souvenirs, les émotions de votre vie qui vient de s'achever se combinent et s'agrègent pour devenir un cristal coloré. Cristal qui devient une feuille de l'*arbre de vos vies**.

Votre conscience* en vivant, palpite et produit une forme colorée et vibrante. Cette forme est l'aura*. Elle est la couleur, les pulsations, le rythme de ce que vous êtes à chaque instant.

---

[8] Voir chapitre - La métaphore du labyrinthe.

L'AURA OU L'ETAT DE CONSCIENCE

L'aura* est produite par la conscience*.

C'est l'état vibratoire, les pulsations, et la couleur dans lequel votre conscience* est à chaque instant. C'est à la fois une couleur pleine de nuance et une vibration, comme un feu coloré en mouvement qui vibre au rythme des pulsations de votre conscience* qui expérience votre réel.

L'aura* est la couleur que produit votre conscience*. Elle est couleur que vous générée en expériençant votre vie.

L'aura* est aussi le prisme au travers duquel vous voyez. C'est la couleur prismatique qui colorise vos représentations* et influence votre interprétation. Vous baignez dans votre aura* et vous voyez à travers son prisme. Elle est le fruit d'un double mouvement qui s'autoalimente, à la fois causes et conséquences. Elle est le produit de qui vous êtes et contribue à qui vous êtes.

*L'état de conscience** est la forme en filigrane qu'a votre conscience. Il est comme une constellation, comme un symbole de votre être, comme la marque du filament de l'ampoule. *L'état de conscience** est la forme de la clé qui mène à la fusion*.

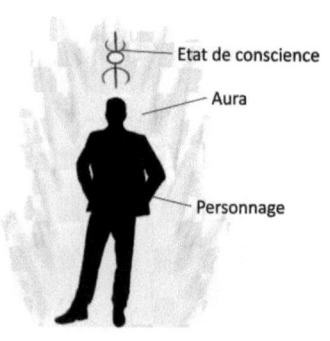

Etat de conscience

Aura

Personnage

LES DIMENSIONS

D'une manière générale, une dimension* contient un univers, un environnement dans lequel un esprit* peut se projeter.

Lorsqu'un esprit* se connecte à un corps*, la Machine* instancie la dimension*, charge l'univers et le personnage*.

Une dimension* est dite non-instanciée si aucun esprit* n'y est connecté. Elle n'existe que potentiellement.

Un rêve* contient une dimension* qui contient un univers et un personnage*. Ce personnage* est le rêvé*, dans lequel votre esprit* se projette.

Une partie de jeu de rôle, une histoire dans lequel vous vous projetez sont des exemples de dimensions* dans lesquelles votre esprit* place son attention*.

Les dimensions* sont des poches qui ne se mélangent pas. Par exemple, quand vous rêvez, vous êtes endormi. Votre corps* qui dort est dans une dimension*. Votre esprit* est projeté dans un rêve*, dans un autre personnage* que vous endormi, un autre vous-rêvé* dans une autre dimension*, dans un autre univers.

Toutes ces dimensions* peuvent s'emboiter comme les couches d'un oignon mais sont néanmoins distinctes. Elles sont reliées par votre esprit*, l'esprit du rêveur*.

Chaque dimension* contient son propre référentiel en terme de temporalité ou de localisation spatial.

Les personnages* que votre esprit* peut habiter peuvent être très différents. Vous pouvez être un humain dans une dimension, un chat dans une autre et un gros blob gélatineux rose fluo dans une troisième, le tout relié par votre esprit* qui habite chacun de ces corps*.

Les dimensions* n'ont pas de relations directes entre elles. Si dans votre rêve vous cassez un objet il ne sera pas cassé dans le monde où vous êtes endormi, néanmoins l'attention* de votre esprit* qui passe de personnages* en personnages* garde l'expérience* de ce qu'il vit. C'est l'expérience du jeu*.

Si vous apprenez quelque chose en rêve, ce savoir reste valide dans les autres dimensions* où votre esprit* se projette.

Un changement d'état de conscience* vécu dans une dimension* affecte vos autres personnages*.

Par exemple, si vous faîtes un rêve qui vous bouleverse alors au réveille votre esprit* gardera la trace de ce bouleversement, ce qui aura des impacts dans la dimension* où votre corps* est endormi.

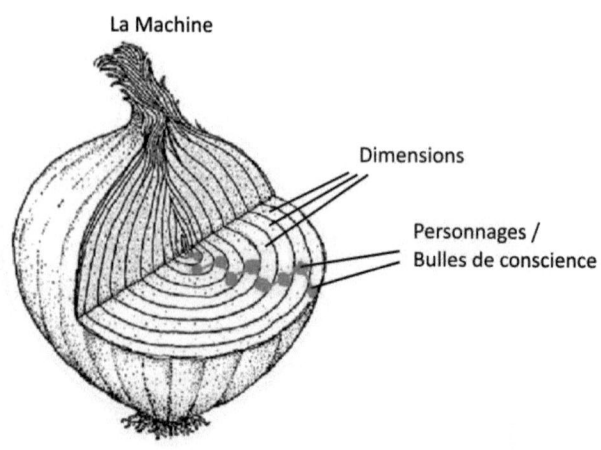

La Machine

Dimensions

Personnages /
Bulles de conscience

LES BULLES DE CONSCIENCE

Une *bulle de conscience** est un point de sauvegarde dans lequel votre esprit* peut se projeter dans un personnage*.

Vos *bulles de conscience** sont reparties et ordonnées dans *l'arbre de vos vies**, dont elle est les fruits. Son enveloppe est une dimension*. Sa pulpe contient un univers qui est votre environnement, votre rêve*. Son noyau* est votre corps*. La tige qui apporte la sève est l'esprit* branché qui projette son attention* et apporte la vie.Le corps* est le réceptacle, il génère la représentation* pour que l'esprit* puisse vivre le réel* et que votre personnage* peut vivre.

La bulle de conscience* est votre conscience* en action.

La couleur et les pulsations de votre bulle de conscience* sont définis par votre aura*. Votre humeur, vos ressentis, vos émotions du moment sont traduits en nuances de couleurs et vibrations.

Une bulle de conscience* est un rêve* et son univers, ainsi que le personnage* dans lequel vous pouvez vous projeter.

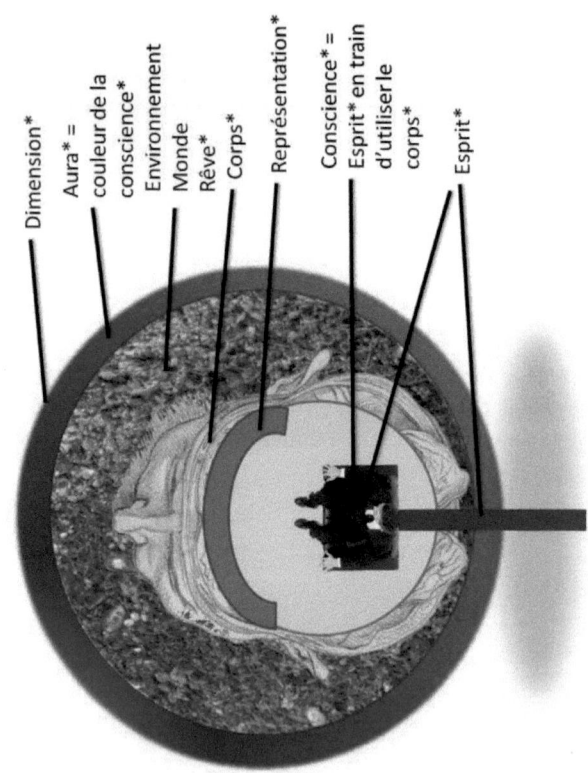

Dimension*

Aura* = couleur de la conscience*

Environnement

Monde

Rêve*

Corps*

Représentation*

Conscience* = Esprit* en train d'utiliser le corps*

Esprit*

Structure d'une bulle de conscience

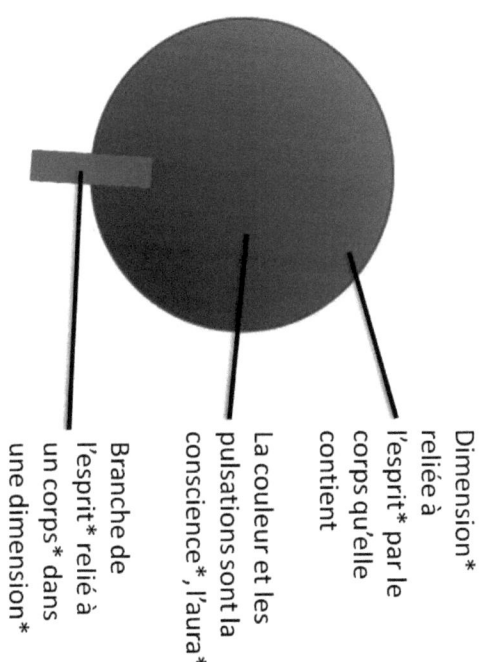

Dimension*
reliée à
l'esprit* par le
corps qu'elle
contient

La couleur et les
pulsations sont la
conscience*, l'aura*

Branche de
l'esprit* relié à
un corps* dans
une dimension*

Dans l'*arbre de vos vies**, la *bulle de conscience active**, celle dans lequel se place votre attention* brille et palpite plus que les autres. Je la représente sur les schémas surmontée d'un ruban. Les bulles de consciences passives sont représentées sans le ruban et leur couleur ne varie pas. Elles sont figées.

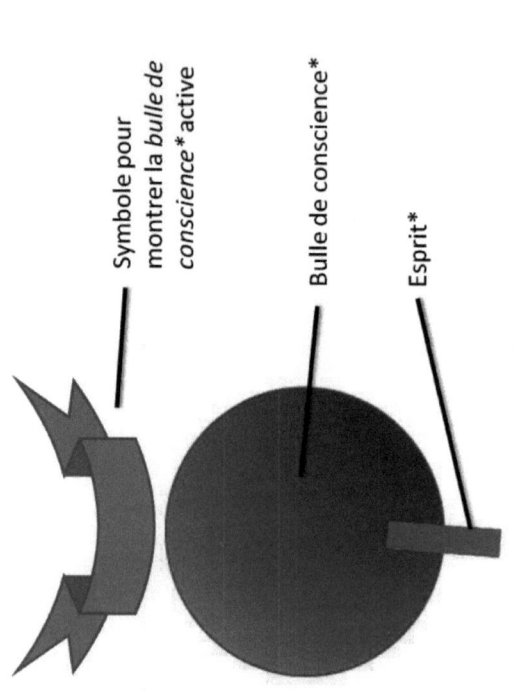

Symbole pour montrer la *bulle de conscience** active

Bulle de conscience*

Esprit*

Représentation de la bulle de conscience active

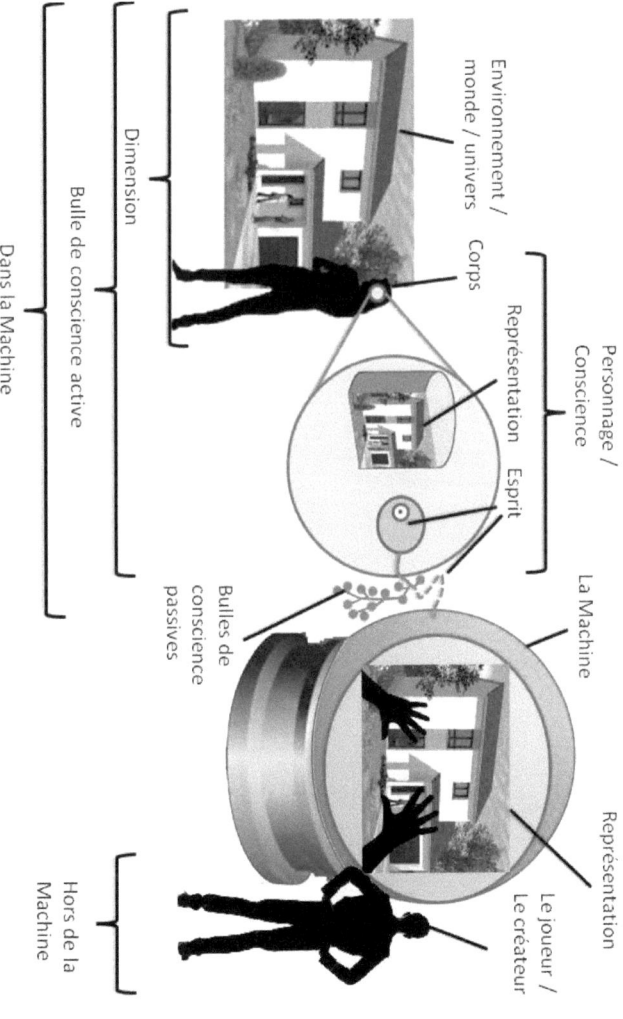

Environnement /
monde / univers

Corps

Représentation

Esprit

Personnage /
Conscience

Dimension

Bulle de conscience active

Dans la Machine

Bulles de
conscience
passives

La Machine

Représentation

Le joueur /
Le créateur

Hors de la
Machine

43

Vous êtes l'esprit du créateur qui s'incarne en vous et vous anime.

Le terme esprit* englobe plusieurs concepts :

-C'est la projection de la volonté du joueur[9] dans la Machine*. Là où il place son attention*. Ce qu'il veut faire, ce qu'il perçoit, dans quel personnage* il est. Dans ce sens l'esprit* est comme un canal, une fibre optique qui permet au joueur[9] de voir à travers les yeux de ses personnages* et aussi de les commander. Par l'intermédiaire de l'esprit*, le joueur[9] voit la représentation* du *personnage actif** et peut lui suggérer des actions.

-C'est aussi le réseau que forment tous les personnages*, les *bulles de conscience**, qu'en tant que joueur[9] vous avez à votre disposition. Ce réseau est l'*arbre de vos vies** qui relie vos différents vous.

Ces deux concepts que composent l'esprit* sont détaillées dans les chapitre *l'attention - Personnage actif / passif* et *l'arbre de vos vies*.

---

[9] Le concept de joueur sera remplacé par celui de créateur* dans la métaphore du labyrinthe.

SAUTS DIMENSIONNELS

La mécanique du *saut dimensionnel* est très importante car il constitue votre quotidien. En effet, plusieurs fois par jour et par nuit vous réalisez, sans le savoir le plus souvent, ce que j'appelle des *sauts dimensionnels**.

C'est par exemple, vous, qui écoutez ou lisez ces paroles, concentré sur les mots puis, petit à petit, sans vous en apercevoir, vous vous déconcentrez, et vous mettez à rêver ; votre esprit* s'évade ailleurs. Pendant que vous rêvez, vous êtes autre chose, un autre personnage* dans une autre dimension. Vous avez fait un *saut dimensionnel** pour rejoindre cet autre vous ailleurs, et vous avez fait un autre *saut dimensionnel** pour revenir à vous. Notez au passage que votre esprit* ne revient pas forcement dans votre conscience* initiale, mais peut y revenir après de multiples autres sauts ou même ne jamais y retourner.

La mécanique du saut dimensionnel est à chaque fois la même :

1-Vous êtes un personnage* et vous êtes confronté à votre réel*.

2-Votre esprit* saute hors de votre corps, hors de votre dimension, à la vitesse de la pensée, vers un autre de vos vous. C'est comme si vous traversiez un portail vers une autre dimension. Au moment où votre esprit* traverse la surface du portail, votre réel*, votre mémoire, vos représentations*, sont rechargés. Votre univers autour de vous change, vous êtes ailleurs. Votre histoire, vos souvenirs, votre nom également change aussi, vous êtes quelqu'un d'autre,

3-Vous êtes un personnage* et vous êtes confronté à votre réel*.

Lors d'un *saut dimensionnel** votre mémoire est remplacée par celle de votre nouvelle conscience*. En traversant la surface vous pouvez essayer de retenir un lambeau de réalité afin de le garder en mémoire une fois de l'autre côté, mais le plus souvent cela s'avère fragmentaire. Il ne vous reste le plus souvent qu'une image, une couleur, une impression.

C'est par cette amnésie que vous n'arrivez pas à atteindre l'état de fusion*. Elle vous cache le véritable fonctionnement de la Machine* en vous faisant oublier systématiquement.

Illustration d'un portail dimensionnel

On peut imaginer deux conceptions différentes du *saut dimensionnel**, une conception extérieur et une conception intérieur.

Dans la métaphore du jeu vidéo les sauts dimensionnels* sont décrits comme des sauts *extérieur au corps*, inter-corps ; c'est-à-dire que l'*attention de l'esprit** saute dans un autre personnage* qui est physiquement distincts du premier, dans une dimension* différente. Pourquoi pas sur une autre planète dans une galaxie lointaine, ou dans l'infiniment petit, ou dans le passé ou le futur. Dans cette conception externe, lorsque *l'attention de votre esprit** passe de personnages* en personnages* il fait un voyage intersidérale à la vitesse de la pensée. Il se projette dans un autre de vos vous à des millions d'années lumière.

Dans la métaphore du rêve[10], les sauts dimensionnels sont décrits comme des sauts intérieurs car internes au corps, intra-corps. Les sauts sont les rêves* qui s'enchainent. L'attention* passe de personnage* en personnage* mais cette fois dans le cerveau du rêveur*. La représentation* change, les souvenirs et le réel* changent, mais l'esprit* ne voyage pas hors du corps*. Il est physiquement dans le même corps. Tout se passe dans le même cerveau qui charge successivement des réels* et des représentations* différents.

Ces deux manières de voir les *sauts dimensionnels** décrivent la même réalité, au cours de vos moments d'absences et de vos rêveries, vous passez de consciences* en consciences*, votre réel* change, vous devenez à chaque fois quelqu'un d'autre, un autre de vos vous, tout en restant toujours le même.]

_____

[10] Voir chapitre - La métaphore du rêve.

L'ARBRE DE VOS VIES

L'arbre de vos vies est votre œuvre.

L'*arbre de vos vies** est le réseau que forment vos *bulles de consciences** et les relient entre elles. C'est le réseau de vos sauvegardes.

L'arbre puise ses racines dans la volonté du joueur[11]. Ses branches sont les vies de chacun de vos personnages*. Les bulles de conscience* sont les points de sauvegardes à votre disposition dans lequel votre attention de joueur[11] peut se projeter.

Si c'est la première fois que vous vous connectez à la Machine* aucune sauvegarde n'est disponible.

Vous devez commencer une nouvelle partie. Une bulle de conscience* est créée avec une dimension* contenant un univers et un corps* dans lequel votre esprit* se branche, ce qui produit ainsi votre conscience*.

Au cours de votre progression dans le jeu vous allez réaliser des sauvegardes. Celles-ci figent le moment où votre personnage* est, et représente un point d'entrée pour votre esprit*.

Les sauvegardes sont des points de chargement pour l'attention*.

Lorsque vous chargez une sauvegarde, hors dernière sauvegarde de la branche, cela crée une nouvelle branche dans laquelle votre personnage* va progresser.

---

[11] Le concept de joueur sera remplacé par celui de créateur* dans la métaphore du labyrinthe.

Le personnage* redevient celui qu'il était à l'instant précis où la sauvegarde a été réalisée, comme si aucune coupure n'avait eut lieu. Il ne se rend compte de rien, pour lui aucune interruption. Il est soumis à l'illusion de continuité*.

Après quelques tentatives l'ensemble forme un réseau complexe.

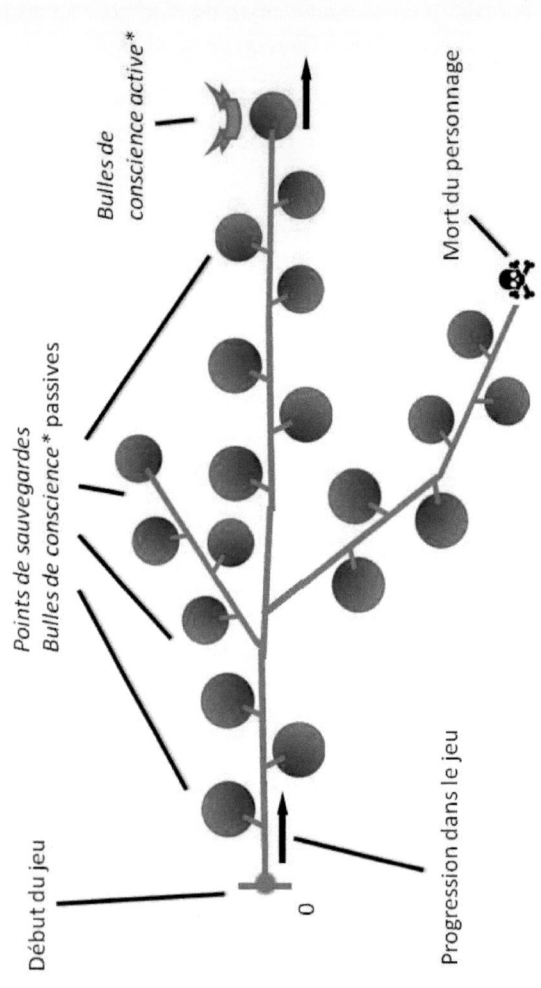

Bulles de
conscience active*

Mort du personnage

Points de sauvegardes
Bulles de conscience* passives

Début du jeu

0

Progression dans le jeu

Chaque nouvelle tentative vous permet d'explorer des possibilités différentes de jeu.

Même si le nombre de personnages* que vous pouvez jouer est potentiellement illimité, le réseau que forme votre esprit* est un réseau fermé. Si vous tirez chacune de vos vies à son terme, celle-ci se termine irrémédiablement par la mort de vos personnages*.

Il est important que vous compreniez que votre esprit* survit à la mort de vos personnages*.

Lorsque votre corps* meurt votre esprit* se projette dans un autre point de sauvegarde. Vous vous réveillez ailleurs. Vous rêviez que vous mourriez.

L'attention de votre esprit* saute de points de sauvegardes en points de sauvegardes et essaye constamment de nouvelles possibilités de jeu qui sont autant de nouvelles branches.

Votre arbre grandit et s'enrichi continuellement au fil des parties.

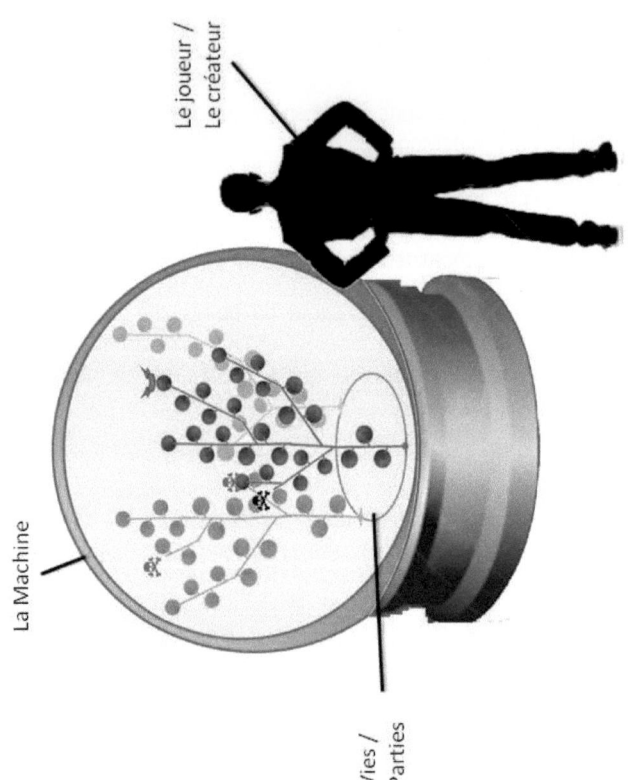

La Machine

Vies / Parties

Le joueur / Le créateur

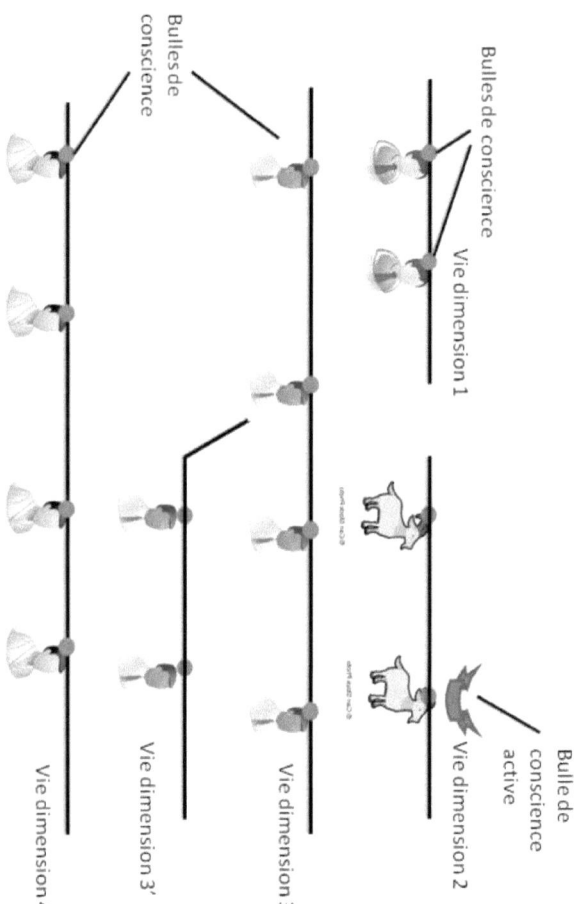

Bulles de conscience

Bulles de conscience

Bulles de conscience

Vie dimension 1

Vie dimension 2

Bulle de conscience active

Vie dimension 3

Vie dimension 3'

Vie dimension 4

L'esprit* se branche sur différents corps, l'attention* défini le *personnage actif* *; là où se place votre focus de joueur[12]. C'est le personnage* que vous contrôlez actuellement, votre conscience*, vous en train de lire, ou d'entendre ces paroles.

En tant que joueur[12] de jeu vidéo, vous ne pouvez jouer qu'à une seule partie à la fois. Vous ne pouvez contrôler qu'un seul de vos personnages* en même temps. C'est le *personnage actif**. Il est celui sur lequel est votre attention*. Là où est votre focus. C'est la bulle de conscience* active.

Pendant que vous jouez, vos autres vous* sont figés, en attente d'être chargés Ils sont ceux dans lequel n'est pas votre attention*. Ils sont les *bulles de conscience** passives qui sont comme les feuilles de *l'arbre de vos vies**.

Votre attention* saute de conscience* en conscience* à la vitesse de la pensée. Vous vous endormez là et vous réveillez ailleurs. Pendant une absence qui vous semble ne durer que quelques secondes, votre attention* a été projeté dans d'autres de vos personnages*. Vous avez peut-être vécu des vies entières qui ne vous laissent, quand vous revenez à vous, qu'une vague impression, un léger vertige, un flou, une couleur. Votre attention* voyage entre les différentes dimensions*. Il saute de points en points sans que vous ne vous rendiez compte de rien. Vous passez de rêveries en rêveries, d'états d'absence à états de présence, sans en avoir conscience. Votre attention* circule dans *l'arbre de vos vies**, reliant vos différents vous. Il forme un tout, un immense réseau dans lequel votre attention* saute de corps* en corps*, d'instants en instants. Vous êtes projetés d'existences

---

[12] Le concept de joueur sera remplacé par celui de créateur* dans la métaphore du labyrinthe.

en existences. Le temps n'est plus linéaire. Vous êtes à la fin de votre vie et vous vous retrouvez enfants, à revivre sans cesse les mêmes choses et sans vous rappeler de rien. Chaque passage est identique et différent. Il n'est jamais tout à fait le même. C'est le labyrinthe*, mouvant, changeant, adaptatif. Vous êtes enfermés dans cette énorme matrice, sautant de vies en vies.

SIMULTANEMENT ET SUCCESSIVEMENT

Paradoxalement vous êtes simultanément* et successivement* tous vos personnages*.

Vous êtes l'arbre qui contient simultanément* toutes vos vies.

Vous êtes chacun de vos personnages* successivement*, un à la fois.

Vous êtes en même temps un tout et une singularité.

Vous êtes successivement* vos différentes conscience*, tout en étant eux tous, simultanément*. C'est un paradoxe.

L'arbre de vos vies* est le simultanément*, l'attention* est le successivement*.

L'EXPERIENCE DU JEU

L'*expérience du jeu** est ce que vous accumulez en jouant.

Au fur et à mesure de votre progression dans le jeu, vos personnages* gagnent de l'expérience. En tant que joueur[13] vous en gagnez aussi. Vous devenez plus habile et plus précis. Votre maitrise du jeu augmente. Votre *expérience du jeu** s'accroit.

L'*expérience du corps** est ce que votre corps* apprend, vos reflexes, vos routines. A la mort du corps, cette expérience meurt avec lui.

L'*expérience de l'esprit** ou l'*expérience du jeu** est ce que votre esprit* retient. C'est manière de jouer, votre habileté à manier la manette et votre connaissance des mécanismes du jeu. Elle est gagnée pour tous vos personnages*. Si un de vos personnages atteint la fusion* ou l'éveil*, cet état de conscience bénéficie à tous vos autres vous. De vie en vie, quel que soit votre corps*, votre esprit* ne change pas. Vous êtes toujours le même.

---

[13] Le concept de joueur sera remplacé par celui de créateur* dans la métaphore du labyrinthe.

LA MACHINE

« Il n'existe pas de loi, pas de vérité, pas de règle, qui s'applique partout et toujours ; y compris celle-ci. »

La Machine* est l'ordinateur, comme un globe sphérique, qui génère les dimensions* et les univers, dans lequel un joueur[14] peut projeter son esprit*.

Pour jouer, vous regardez dans la sphère et vous projetez votre volonté dedans.

Vous avez le choix de vos points de sauvegarde.

Votre esprit* vous permet de vivre et de ressentir ce que ressentent vos personnages. Vous voyez à travers leurs yeux et vous les commandez.

---

[14] Le concept de joueur sera remplacé par celui de créateur* dans la métaphore du labyrinthe.

Les visions se superposent. Vous passez de consciences en consciences. Vous habitez successivement* chacune de vos conscience* tout en étant elles toutes simultanément*.

Tout comme l'ordinateur n'appartient pas au programme qu'il émule, la Machine* est au-delà des dimensions. Elle façonne vos mondes et vos univers.

Vous-personnage* êtes le produit de la Machine*, ainsi que tout ce qui existe dans toutes les dimensions.

Vous êtes prisonnier de la Machine*.

Votre esprit* est comme enfermé dans ces enchainements de vies. Votre attention saute de consciences* en consciences*, de vies en vies, sans jamais s'arrêter.

Si vous mourrez vous vous réveillez dans un autre de vos personnages.

C'est comme si vous étiez endormi, enchainant les rêves sans parvenir à vous réveiller.

Vous êtes bloqué dans ce système de réapparitions successives, avec perte de mémoire à chaque saut, tant que vous n'avez pas résolu le jeu.

La Machine vous retient captif. Votre objectif est de résoudre le jeu et d'en sortir.

Elle est l'œuf dans lequel vous êtes enfermé, endormi, rêvant vos multiples vies, jusqu'à ce que vous arriviez à vous réveiller, briser la coquille et sortir pour devenir l'être divin que vous êtes déjà maintenant et en devenir.

LES ILLUSIONS DU PERSONNAGE

En plus de l'illusion d'externalité*, vous êtes soumis à un certain nombre d'autres illusions propre à votre état de personnage*.

Le fonctionnement de votre esprit* ne vous est pas ou peu perceptible, ce qui entraîne une incompréhension des mécanismes qui sous-tendent votre vie.

Vous avez l'impression que le temps est linéaire, que vous vivez chaque situation pour la première fois ou que vous êtes mortel. Ce sont quelques unes des illusions propres à votre statut de personnage*.

L'important est de faire bien la chose refaite plutôt que de faire pour l'illusion de faire.

L'*illusion de continuité** est l'illusion du temps. L'impression que votre vie est linéaire. Demain succède à hier. Vous avez fait ceci avant d'avoir fait cela. Vous étiez ici après avoir été là.

En tant que personnage, vous ne vous doutez pas de l'existence des mécanismes de *sauts dimensionnels** de personnages* en personnages*.

Vous ne vous rendez compte de rien lorsque votre esprit* se plonge ailleurs.

Vous ne vous souvenez pas de qui vous êtes dans vos moments d'absence.

Il n'y a eut ni arrêt, ni rupture, tout au plus un léger vertige. Vous reprenez votre vie comme si elle ne s'était jamais interrompue. L'instant d'avant vous semble être avant, alors qu'en réalité il n'est pas contigu. Il y a eut une rupture. Vous étiez ailleurs l'instant d'avant, dans la peau d'un autre de vos vous ; mais vous ne vous en rappelez pas.

-L'ILLUSION DE FRAICHEUR

L'*illusion de fraicheur** est de croire que vous vivez votre vie pour la première fois.

Elle est lié au mécanisme de *sauts dimensionnels** et de l'amnésie qu'il provoque.

Vous ne savez rien de vos autres tentatives, qui sont autant de dimensions* dans lequel votre esprit* s'est déjà projeté.

Vous vivez chaque nouvelle situation ou expérience comme si c'était la première seule et unique fois que vous la viviez.

Vous ne savez pas que vous existez en plusieurs exemplaires, et que vous avez déjà vécu les mêmes situations plusieurs fois.

Vous ignorez que vous êtes déjà mort à de multiples reprises, et que vous avez recommencé les mêmes vies inlassablement.

Vous ne savez rien des véritables mécanismes du jeu. Si vous les connaissiez vous seriez sans doute bien plus calme. Détendez-vous, vous aurez encore de nombreuses occasions de revivre chaque situation et à chaque fois l'*illusion de fraicheur** vous donnera l'impression d'avoir vécu celle-ci pour la première fois.

Détendez-vous, vous aurez plusieurs fois l'occasion de revivre les mêmes scènes.

L'*illusion de liberté** est de croire que vous, en tant que personnage*, n'êtes guidé par rien d'autre que par votre libre arbitre.

Vous ne vous doutez pas que votre esprit* vous dirige et que des forces vous tiraillent et vous guident.

Vous vous croyez libre de vos choix.

Le contrôle de votre esprit* sur votre corps* produit une tension interne vous poussant à agir, sans que vous ne sachiez vraiment pourquoi.

Il vous parait naturel d'aller à droite plutôt qu'à gauche, de choisir ceci plutôt que cela. En réalité vous avez un choix limité. Votre esprit* vous force à agir mais vous restez libre de l'état d'esprit* dans lequel vous réalisez vos choix et agissez.

Vous ignorez tout de vos véritables motivations qui sont celles de votre esprit* qui dirige votre corps*. Vous-personnage* êtes mortel, mais votre esprit*, lui, l'esprit du joueur[15], est immortel.

---

[15] Le concept de joueur sera remplacé par celui de créateur* dans la métaphore du labyrinthe.

-L'ILLUSION DE LA MORT

L'*illusion de la mort** est de croire que la mort de votre corps* et de votre conscience* implique la fin du jeu.

En tant que personnage*, lorsque vous mourrez, votre esprit* se sépare de votre corps*. Ce dernier meurt. Le lien est rompu. Vous êtes mort. Votre conscience* se fige et se cristallise. Elle deviendra une feuille de l'*arbre de vos vies**.

Votre esprit* toujours vivant va alors projeter son attention* dans une autre personnage. Vous devenez un de vos autres vous, ailleurs. Vous étiez dans la lune, ou assoupi. Vous rêviez que vous mourriez.

La mort est une illusion. Votre esprit* saute de personnages* en personnages* inlassablement jusqu'à ce que vous ayez résolu puis quitté le labyrinthe*. Parfois un de vos personnages* meurt. Vous pouvez redevenir lui plus tôt et changer sa vie en lui insufflant le courage et la clairvoyance d'agir différemment.

L'*illusion de la mort** engendre des peurs et des angoisses, peur de l'éphémère ou peur de mourir.

Elle donne aussi à la vie son sérieux et son côté dramatique. Les choses vous paraissent importantes. Vous prenez votre vie gravement. Vous êtes attaché* à votre illusion*.

Mourir c'est rester dans le labyrinthe.

LA METAPHORE DU LABYRINTHE

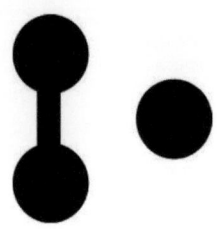

« *Si tu sais lire les tensions de ton cœur, tu sauras lire les tensions du monde.* »

Imaginez qu'on vous donne la possibilité de créer un gigantesque labyrinthe grandeur nature.

Pour cela vous avez absolument tous les pouvoirs, même les plus hallucinants sans aucune limite.

Vous pouvez placer dans votre labyrinthe toutes vos fantaisies, mêmes les plus folles.

Vous avez en outre la possibilité d'adapter celui-ci à tout moment, quand bon vous semble et à votre gré.

Ce labyrinthe* doit être le plus complexe et le plus tortueux qui soi, avec des énigmes et des épreuves, des dangers, des fausses indications et des fausses pistes. Il doit être facile de s'y perdre et difficile d'y trouver son chemin, néanmoins, on doit pouvoir le résoudre.

Pour le résoudre, au cœur du labyrinthe vous devez installer une pièce qui contient un coffre au trésor. L'accès à cette salle doit être le plus difficile possible. Dans ce coffre une lettre. Sur cette lettre est marqué "JE suis le créateur du labyrinthe". Celui qui trouvera le coffre et lira la lettre aura résolu le labyrinthe, et retrouvera sa véritable nature de créateur*.

Imaginez maintenant que subitement vous êtes frappé d'une totale amnésie. Vous oubliez que vous avez créé ce labyrinthe* et en être le créateur*. Vous oubliez l'existence du coffre et son contenu. Vous oubliez la structure et la logique du labyrinthe, les énigmes et les pièges que vous avez vous-même conçus. Vous oubliez comment résoudre le labyrinthe. Vous oubliez absolument tout, du pourquoi et du comment de toute cette histoire. Une fois devenu totalement amnésique vous plongez dans le labyrinthe.

Vous devenez le créateur qui devient personnage, amnésique et ignorant sa véritable nature. Vous devenez le créateur perdu dans sa propre création.

Imaginez que parfois, le temps d'un rêve ou d'un songe, laissant pour un temps le personnage* que vous incarnez, vous puissiez redevenir le créateur* avec sa mémoire et ses pouvoirs. Vous-créateur* pouvez alors adapter le labyrinthe* à votre guise. Vous avez tous pouvoirs dessus. Vous créez des épreuves et des événements pour orienter vos personnages vers le trésor qui est la l'unification* de tous vos êtres.

Lorsque votre songe prend fin vous redevenez *vous-personnage**, en train de lire ou d'entendre ces paroles.

Vous êtes le créateur perdu dans sa propre création.

LE LABYRINTHE

Le labyrinthe est votre maître

Le labyrinthe* est la gigantesque énigme dans laquelle, en tant que personnage*, vous êtes plongée et que vous devez résoudre. Il est le jeu. Vous-créateur l'avez créé. Il est l'un de vos trois reflets*.

Le labyrinthe* contient l'ensemble de vos vies. Il contient ce que vous connaissez, ce que vous avez traversé, vos réels* mais aussi tout ce que vous ne connaissez pas, ce qui se passe en coulisse ; le scénario qui se met en place ; les événements qui se forment, votre inconscient*. Plus encore que l'environnement dans lequel vous évoluez, le labyrinthe* est avant tout le produit de vos représentations*. Vos certitudes forment les murs. Vos peurs sont les monstres qui vous effraient. Votre culpabilité définit les épreuves que vous vous infligez. Vos hontes sont vos limites. Votre attachement à l'illusion* vous entrave, ainsi que vos doutes et vos tristesses. Vos regrets sont les fantômes qui vous hantent. Tous vos sentiments prennent corps dans le labyrinthe*, ils en font parties intégrantes car ils en sont les reflets*.

L'*illusion d'externalité** vous trompe. Elle vous fait croire que le labyrinthe* est à l'extérieur de vous alors qu'en réalité il est tout entier à l'intérieur de vous. Pour changer le monde vous devez vous changer vous-même et le labyrinthe* s'adaptera de lui-même. En changeant, vous le changez, puisque il est votre reflet*. Plus vous luttez contre le labyrinthe* plus il lutte contre vous, le frapper vous frappe. Vous vous battez avec vous-mêmes. Votre labyrinthe* a été fait par vous, pour vous. C'est du sur-mesure. Il s'adapte continuellement à vous puisqu'il est votre reflet. C'est vous qui fixez sa difficulté, pour vous convaincre vous-même.

L'ATTACHEMENT - L'AFFECT

L'attachement* au labyrinthe* est le fait que *vous-personnage** vous preniez au jeu et finalement que vous vous attachiez à votre illusion*.

Malgré toutes les souffrances et les peines vous tenez à votre vie.

Des objets animés ou inanimés, de votre réels* sont importants pour vous. Vous aimez vos enfants, votre rôle de parent, vos amis, être un ami.

A vos yeux certaines choses valent mieux que d'autres. Vous avez vos préférences, certains aspects de votre vie sont plus importants ou prioritaires que d'autres. C'est cela l'affect* se sont vos positions affectives. C'est votre paramétrage.

Lorsque vous chargez d'affect* un objet de votre réel*, votre attachement au monde s'intensifie. L'objet devient plus important pour vous. Il aura du relief dans votre représentation. Il sera unique à vos yeux, des souvenirs y seront attachés. Il aura une importance et une priorité.

Lorsque vous déchargez l'affect* d'un objet de votre réel*, vous prenez vos distances. Vous vous détachez. Celui-ci comptera moins, vous y prêterez moins attention.

Votre attachement* à telle chose plutôt qu'à telle autre, influence votre comportement et vos choix.

L'attachement* entraîne toute sorte de problèmes qui seront détaillées dans le tome 2 de ce manuel.

L'attachement* c'est le *personnage rêvé** qui s'accroche à son rêve. Fou et ignorant qu'il est.

LA SOUFFRANCE

Vivre ne coûte rien sinon souffrir.

La souffrance* est la douleur psychique, émotionnelle ou physique que vous pouvez ressentir ou produire.

Vivre dans le labyrinthe* implique sa dose de souffrance. La souffrance est le coût de la vie.

La souffrance* est souvent liée à l'attachement*. Plus vous êtes attachez à votre illusion plus elle vous fait souffrir.

Le labyrinthe* se sert de la souffrance* comme d'un révélateur. Elle est comme les flammes qui vont brûler ce qui est superflu pour laisser apparaître la splendeur en vous, ou bien vous consumer entièrement et ne laisser de vous que des cendres.

La souffrance* est un moteur qui vous pousse à vous adapter et à évoluer. Pour moins souffrir vous aller devoir comprendre votre douleur et dans un effort de dépassement libératoire arriver à vous en détacher, à moins que celle-ci ne vous consume et vous plonge dans la folie puis le néant.

Le labyrinthe* que vous avez construit, est votre reflet*. Il vous met dans des situations anxiogènes et stressantes. Vous devez vous adapter et essayer de saisir ce qu'il essaye de vous faire comprendre.

Par la souffrance le labyrinthe* vous fait grandir. Vous devez arriver par une *vision claire*[16] et en pratiquant le détachement* à redevenir qui vous êtes vraiment, la totalité. Vous êtes vos épreuves. Vous êtes votre souffrance*. Vous êtes votre représentation*.Vous êtes le réel*.

---

[16] Voir Tome 2 - Le Manuel du Joueur.

Vous devez apprendre à laisser venir et à laisser partir les événements, puis avec détachement observer les messages qu'ils vous apportent.

Le labyrinthe* a été fait par vous, pour vous. Il est votre création mais vous ne vous en rappelez pas. Vous oubliez toujours. Création qui a pour but suprême de vous faire redevenir qui vous êtes.

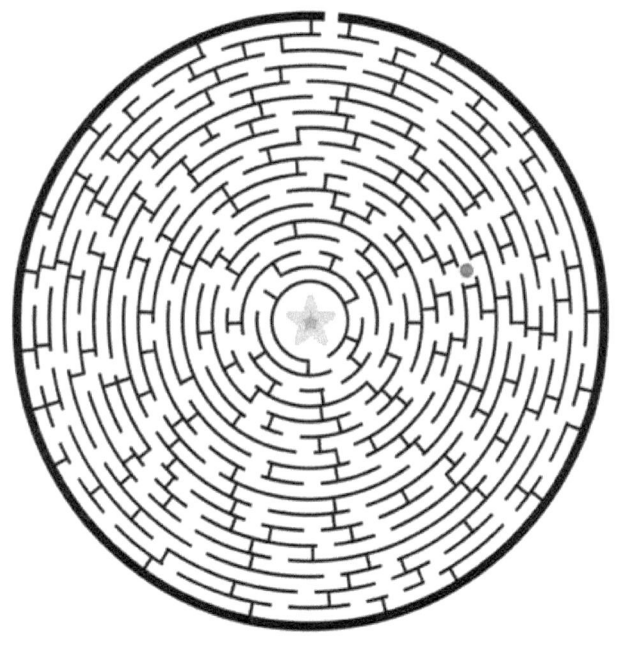

Épanouis-toi dans le feu.

Le labyrinthe* propose deux grands types de quêtes, les quêtes mineures et les quêtes majeures.

Les quêtes mineures sont celles qui consistent à progresser dans l'illusion*, par exemple chercher la célébrité ou le pouvoir, essayer de devenir riche ou souhaiter réussir à être heureux en amour, fonder une famille, transmettre un héritage... Elles impliquent l'attachement* et sont approfondies dans le tome 2 de ce manuel.

Les quêtes majeures sont au nombre de deux et se suivent, c'est la fusion* puis l'éveil*. Ces deux quêtes peuvent être résolues au travers de vos multiples vies, l'expérience du jeu* bénéficiant à tous vos personnages*.

La quête de la fusion* est résoudre le labyrinthe* mais rester dans la Machine. Vous continuez à rêver mais en ayant débloqué le "god-mode", le mode divin. Vous vous rappelez que vous êtes le créateur* et vous fusionnez avec lui. Le *vous-créateur** et le *vous-personnage** s'unifient. Vous devenez un personnage* conscient de sa nature multiple (multiples personnages et créateur) et qui sait utiliser ses pouvoirs. En tant que *personnage-créateur** vous savez modifier et adapter le jeu à votre convenance, de manière consciente, depuis l'intérieur du jeu lui-même.

La quête de l'éveil* est la quête suivante. Son pré requis est d'avoir au préalable atteint la fusion*, ce qui peut se faire sur un temps très rapproché. Elle consiste à vous libérer du labyrinthe* et à quitter la Machine*. Le vous-personnage-créateur* fusionne avec le labyrinthe* et se trouvent entraînés dans une réalité supérieure hors de la Machine*. Vous fusionnez avec le monde et votre univers. Vous devenez tout en conscience. Vous vous affranchissez de l'illusion*. Vous vous réveillez.

LE CREATEUR

Le créateur protège est inspire celui qui sert sa volonté dans la joie.

Le créateur* ou vous-créateur*, est la part de vous qui utilise la Machine*, adapte le labyrinthe* et sait. C'est votre part divine qui agit à votre insu. Il est un de vos trois reflets*.

Le *vous-personnage*, Vous-qui-lisez-ou-entendez-ces-paroles, est la part de vous qui est dans la Machine* et endure le labyrinthe*. C'est votre conscience*. Un autre de vos reflets*.

Vous-créateur* et vous-personnage* êtes la même personne mais vous l'ignorez. Ce sont deux reflets* différents d'une même entité, vous-même.

De temps à autre, à l'occasion d'un de vos songes ou d'une rêverie, votre attention* retourne dans la dimension* du créateur*. Là, vous redevenez cette part de vous, divine et créatrice qui adapte le labyrinthe*.

L'illusion* vous fait croire que votre dieu est hors de vous alors qu'il est en réalité vous-même. Vous vous trompez en priant à l'extérieur de vous. Priez-vous vous-même. Priez en vous.

Les chapitres suivants détaillent les interactions entre le créateur* et ses personnages* et entre le créateur* et la Machine*.

LE CREATEUR ET LES PERSONNAGES

Une prière faite à soi-même

Au cours de vos rêveries, vous êtes successivement plusieurs personnages*. A chaque *saut dimensionnel** votre mémoire est remplacée, vous ne vous rappelez pas qui vous étiez l'instant d'avant. C'est comme un dédoublement de personnalité, chacun ignore l'autre et est actif à des moments successifs*, tout en étant la même personne simultanément*. Vous êtes simultanément* et successivement* vos différents personnages*, de la même manière, vous êtes aussi le créateur*.

La différence de point de vue entre le créateur* et ses personnages* est immense. C'est un abîme d'incompréhension. Cet écart est votre inconscient*. Vous-personnage*, votre conscience*, allez devoir franchir cet abîme pour que vous puissiez vous unifier avec le créateur* qui est en vous.

Vous-personnage* êtes dans la Machine*, dans le jeu et vivez dans l'illusion*. Vous ne savez pas que vous êtes aussi le créateur*. Vous ne savez pas que le labyrinthe* est votre reflet*. Vous ne connaissez pas le but de votre existence et essayez de trouver un sens à votre vie. Vous êtes en prise avec votre environnement. Vous êtes prisonnier de votre subjectivité et manquez cruellement de recul.

Vous-créateur* avez une tout autre vision. Vous êtes hors de la Machine*, hors du jeu. Vous savez tout, que la mort de vos personnages* n'a que peu d'importance, vous savez que ce n'est qu'illusion*. Vous connaissez le but du jeu et ses mécanismes et vous essayez de faire progresser vos personnages* pour qu'ils réussissent à résoudre le labyrinthe* et à atteindre la fusion* ; pour cela ils doivent se rappeler qu'ils sont vous-créateur* et redevenir conscient de leur véritable nature.

Arriver à faire en sorte que vos personnages* atteignent la fusion* est le seul moyen que vous avez pour sortir de la Machine et atteindre l'éveil*, pour passer à un niveau supérieur.

Mais la tâche n'est pas facile, et cela même si vous avez tous pouvoirs sur le labyrinthe*. Car c'est vos personnages uniquement qui peuvent progresser sur le chemin de l'ascension pour atteindre l'éveil*. Vous-créateur* n'avez pas ce pouvoir. Vous êtes dépendant du bon vouloir de vos personnages, mais vous pourrez adapter le labyrinthe* pour faire en sorte que les événements leur permettent de progresser sur le chemin de l'ascension*.

Vous devrez apprendre à vous leurrer vous même, en effet, tant que vous n'avez pas atteint la fusion*, vous-créateur* et vous-personnage* ne pouvez pas vous parler directement, mais seulement par l'intermédiaire du labyrinthe*. Vous devrez en quelque sorte "manipuler" votre personnage* pour qu'il prenne le bon chemin. Mais comme ce personnage* est en réalité vous, c'est vous-même que vous devrez apprendre à duper.

Vous-personnage* et vous-créateur* êtes deux reflets* de la même entité, tout comme le rêveur* et le rêvé* sont deux manifestations d'un même être. Vous-personnage* êtes l'incarnation du dieu vivant. Vous êtes lui en prise avec votre propre création, le labyrinthe*. Vous êtes comme des reflets* qui s'ignorent, comme des personnalités multiples, autant de facettes d'un même être où chacun se croit unique. Vous êtes le dieu aux mille visages, aux multiples personnages*, comme autant de reflets* d'une même entité.

LE CREATEUR ET LA MACHINE

Vous-créateur* projetez votre esprit* dans la Machine* pour jouer. Vous utilisez la Machine* pour créer et adapter votre labyrinthe*.

Le labyrinthe* est votre création, votre reflet*.

Vous-créateur* utilisez la Machine* en mode administrateur. Vous avez ainsi accès à des fonctions auxquels vos personnages* n'ont pas accès depuis l'intérieur du jeu.

Vous pouvez aller de dimensions* en dimensions*, zoomer sur des points précis, voir au travers des yeux de vos personnages*, vous mettre en mode observateur, faire faire des actions à des PNJ (Personnage Non Joueur[17]), en créer le cas échéant... Vous avez accès à tout un tat de commandes et de routines pour vous permetter de faire des actions sur le labyrinthe*.

Vous pouvez adapter votre jeu à votre guise, rajouter ou enlever des épreuves, modifier les événements et les propriétés des objets animés ou inanimés du monde.

Néanmoins la Machine* a ses règles et vous impose un certain nombre de contraintes. Elle vous donne tous pouvoirs dans un cadre que vous-créateur* ne pouvez transgresser.

-Le but du jeu est figé. Vous serez bloqué dans la Machine* tant que vous n'aurez pas atteint l'éveil*. Vous devez progresser et retrouver votre nature divine. Vous devez réussir à comprendre que vous êtes le créateur* et sortir du labyrinthe*.

---

[17] Voir chapitre - Aspects multijoueurs dans le Manuel du Joueur.

-Vous-créateur* n'avez de pouvoir que sur votre propre labyrinthe*[18].

-La Machine* impose la *justice immanente*[19] à vos personnages* et à vous-même.

-La Machine* impose l'illusion* à vos personnages.

-La Machine* est implacable et ne souffre d'aucune exception[20].

Lorsque le créateur se connecte à la Machine, sa volonté agissante créé l'esprit qui habite l'incarnation et créé à son tour la conscience. L'esprit est l'étincelle de vie qui allume le feu de la conscience. Le créateur voit alors dans les yeux de celui qui se représente.

---

[18] Voir chapitre - Aspects multijoureurs dans le Manuel du Joueur.

[19] Voir chapitre - *La justice immanente* dans le Manuel du Joueur.

[20] Voir chapitre - La mécanique de l'exception dans le Manuel du Joueur.

L'INCONSCIENT

"C'était toi qui ne voulait pas que j'y arrive." Dis-je à mon reflet dans le miroir. "Mais pourquoi ?"

L'inconscient* est l'abîme d'incompréhension qui existe entre votre état de personnage* et votre état de créateur*. L'inconscient* est ce qui vous sépare de tout-savoir et de tout-être, de la fusion* puis de l'éveil*.

Plus généralement l'inconscient* est tout ce que vous ne savez pas, ou ne comprenez pas, ou ce que vous croyez comprendre à tord. L'inconscient* est ce que vous n'avez pas exploré ou mal compris ou pas appris.

L'inconscient* est tout ce qui vous sépare de l'état de fusion* avec le créateur*. Il est constitué, entre autre, des divergences entre sa volonté, qui est en réalité votre volonté, et celle du personnage*. Le créateur* souhaite que le personnage* prenne une voie alors que celui-ci souhaite en prendre une autre. Cet écart de point de vue est l'inconscient*. C'est l'écart de vos motivations que vous ne comprenez pas. C'est vos dissonances entre vos actions et vos pensées, le labyrinthe* et la volonté du créateur*.

L'inconscient* est ce que vous ne connaissez pas, ce que vous ne comprenez pas ou ce que vous croyez savoir à tord.

L'inconscient* est les tensions qui vous tiraillent. Ces tensions sont votre instinct qui vous poussent, vos impressions qui vous orientent, ainsi que les situations où les événements qui s'imposent à vous.

Ces tensions peuvent être divergentes ou dissonantes, ou bien être convergentes et être harmonieuses.

Ces tensions de l'inconscient* vous poussent à devenir qui vous êtes, à vous découvrir. Elles vous poussent à agir, parfois à votre insu, parfois contre votre gré.

Elles vous guident mais sont également des épreuves.

Quelles que soit leurs pertinences et leurs bien-fondés, vos motivations peuvent s'opposer et former des discordances. Ces écarts de motivations sont l'inconscient*.

Le fait que vous ne compreniez pas vraiment ce qui vous motive est l'inconscient*. Les désaccords que vous pouvez avoir avec vous-même sont l'inconscient*. L'inconscient est le chemin non encore réalisé entre vous et vous-même.

Plus vous vous approchez de votre état de fusion* avec le créateur*, plus votre inconscient* se réduit. Lorsque vous fusionnez l'inconscient* est réduit à néant. Plus vous vous éloignez de l'état de fusion*, plus l'inconscient* s'étend et s'épaissi.

L'illusion* tisse l'inconscient* et elle est la difficulté principale sur le chemin de l'ascension* car elle vous trompe sur votre véritable nature. Elle vous fait croire que vous êtes séparé du labyrinthe* et du créateur*, alors que vous ne formez qu'un.

Parce que vous êtes aussi le créateur*, vous avez en vous la connaissance instinctive du labyrinthe*. Le souvenir de cette création est gravé dans votre esprit* comme une trace primitive.

Parmi les épreuves, certaines viennent de l'intérieur de vous. Elles sont issues de votre conscience* en prise avec le labyrinthe*, de votre attachement*. Ce sont entre autres tous vos doutes, peurs, certitudes, ambitions, désirs, déceptions, angoisses, etc, qui génèrent de nouvelles épreuves et vous conduisent vers elles.

Vos faiblesses et vos peurs vous incitent à ne pas suivre le bon chemin.

Peut-être vous laisserez vous corrompre. Peut-être serez-vous peureux.

Il faut du cran pour assumez qui vous êtes.

Il faut du courage pour prendre la bonne voie à suivre et de la ténacité pour ne pas lâcher.

Vous pouvez vous perdre, vous égarer, vous tromper, poursuivre des illusions, abandonner, vous mentir à vous-même en n'assumant pas ce que vous êtes et ce que voulez, vraiment cela ne changera rien. Vous êtes prisonnier de la Machine* et vous devez en sortir. Pour cela vous allez devoir redécouvrir ce que vous êtes.

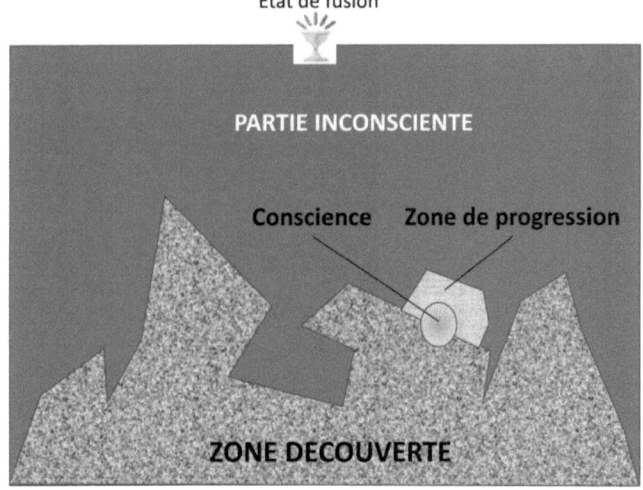

Vous êtes votre meilleur ami et votre pire ennemi.

L'ASCENSION - LA DECOUVERTE

Le chemin vers tout-savoir et tout-être

La découverte* ou ascension* est le cheminement que vous réalisez au fil de votre progression dans le labyrinthe* vers la fusion* puis vers l'éveil*.

La découverte* de l'inconscient* est la compréhension petit à petit, au fil de vos expériences, de votre véritable nature.

Plus vous avancerez dans la compréhension de vous-même plus vous avancerez dans la compréhension du labyrinthe* et du créateur* plus votre inconscient* rétrécira.

Petit à petit vous apprenez à vous connaître, à savoir qui vous êtes, vos valeurs, vos goûts, vos préférences. Vos mettez à jour votre inconscient*.

En vous découvrant vous-même vous découvrirez petit à petit que vous êtes le créateur* et aussi le labyrinthe*.

Votre conscience* est là où vous en êtes dans votre développement sur la découverte de vous.

Gardez à l'esprit* que malgré les portes fermées, les imprévus et les impasses, la voie, votre voie est tracée, par vous-même, pour vous-même. De plus, vous connaissez instinctivement le chemin.

"Connais-toi toi-même et tu connaitras le monde et les Dieux"
Socrate.

L'UNITE, LA FUSION

Le créateur* sait tout de vous parce qu'il est vous et que vous êtes lui

Le chemin pour atteindre la fusion* est difficile à suivre puisque vous l'avez jalonné d'épreuves. Ceux sont les détours et les impasses, les drames et les coups de théâtres que vous avez placés en tant que créateur*.

Atteindre la fusion* c'est résoudre le labyrinthe*, c'est la première étape sur le chemin de l'éveil*.

La fusion* c'est atteindre le *tout-savoir*.

Atteindre la fusion* ou atteindre l'unité* consiste à vous rappeler que vous êtes le créateur* du labyrinthe*. C'est retrouver l'état d'esprit du créateur, avoir son aura*, sa vibration, son état de conscience*.

C'est ne plus oublier et comprendre que vous êtes simultanément* et successivement* plusieurs personnages* à la fois.

C'est savoir trouver le chemin vers l'unification* afin que vos personnages* et le créateur* fusionnent.

C'est redevenir qui vous êtes en totalité, en unicité.

Atteindre la fusion* c'est le rêve lucide, lorsque vous rêvez et que vous êtes conscient que vous rêvez et ainsi transformer votre rêve volontairement. Vous vous rappelez que vous êtes aussi le rêveur* et vous savez utiliser vos pouvoirs.

Vous devenez le *personnage-créateur**. Le personnage* comprend qui il est et sait utiliser ses pouvoirs.

Votre divinité enfouie se réveille. Vous devenez votre propre dieu en conscience. Vous êtes le dieu-personnage. Ce que vous souhaitez se réalise. Vous pouvez changez volontairement votre représentation* et cela transforme le réel* et le labyrinthe*. C'est le rêvé* qui comprend qu'il est aussi le rêveur*, et qui utilise ses pouvoirs, avant le réveil*.

Lorsque vous fusionnez* vous n'êtes plus soumis aux illusions du personnage* et avez le pouvoir de modifier le labyrinthe* depuis l'intérieur du jeu.

C'est l'accomplissement de l'unicité de l'être et le souvenir de ce soi que vous connaissez intimement puisqu'il est déjà vous. Vous êtes déjà le créateur*. Vous êtes un personnage-créateur* qui s'ignore. Vous utilisez déjà votre *don de création*[21] mais à votre insu. Atteindre la fusion* c'est prendre conscience que vous utilisez ce don et de comment il fonctionne.

C'est votre potentiel de créateur* pleinement révélé.

C'est la quête de l'unicité*, la première des quêtes majeures*, redevenir le créateur*.

Vous aurez à accepter qui vous êtes et à avoir le courage de suivre votre voie, avoir le juste attachement pour vous libérer de ce monde. Ne plus être un créateur* qui s'ignore, mais être un personnage* en pleine conscience de son état de créateur*.

Pour cela, vous allez devoir suivre la voie étroite qui vous mène à l'unicité*.

Ce chemin vous le connaissez instinctivement. Il vous sera difficile à suivre et vous demandera courage et ténacité. Vous allez devoir vous faire confiance. Vous allez devoir être honnête envers vous-même, vous regarder en face et

---

[21] Voir Tome 2 - Le Manuel du Joueur.

accepter qui vous-êtes et ce que vous souhaitez vraiment. Vous allez devoir parfois prendre des risques pour prendre le chemin qui vous correspond et tenir. Vous allez devoir vous adapter, progresser et vous relever à chaque fois que vous tomberez. Parfois changer de chemin sera la bonne chose, ou pas. Vous aurez à suivre votre instinct et vous faire confiance.

Ce qui est sûr c'est que le labyrinthe* ne manquera pas de vous faire sortir de votre zone de confort pour vous faire progresser, pour que vous appreniez. Apprendre à renoncer ou à tenir. Apprendre à affronter. Apprendre à se détacher des choses, à aimez, à pardonner.

Vous devrez avoir confiance en votre destin et en votre capacité de faire face. Comprendre que les épreuves qui vous arrivent, aussi douloureuses soient-elles, sont infligées par le créateur* qui est vous, pour vous faire redevenir un avec lui.

Vos épreuves ont un sens, trouvez pourquoi elles vous arrivent.

Vous êtes la solution du jeu.

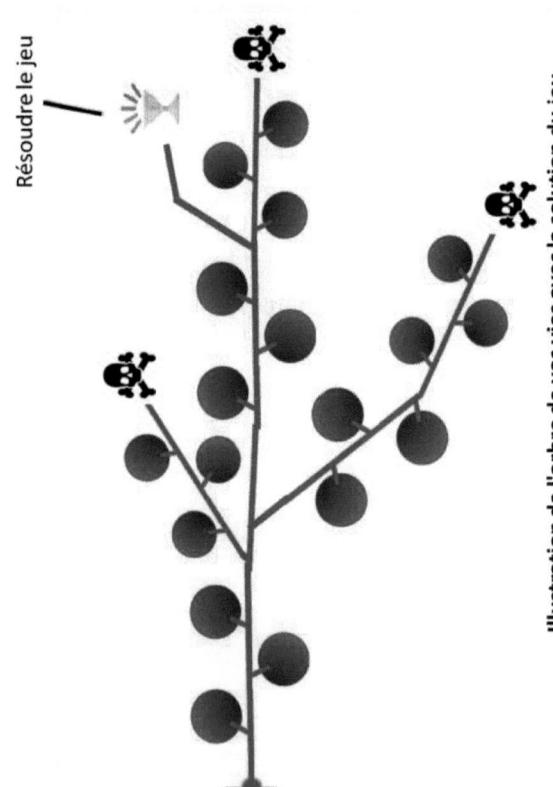

Résoudre le jeu

Illustration de l'arbre de vos vies avec la solution du jeu

LA METAPHORE DU REVE

Imaginez-vous en train de dormir. Vous êtes étendu. Vous rêvez.

Dans cette situation vous êtes dans plusieurs états en même temps.

Vous êtes à la fois celui qui rêve, le *rêveur**.

Vous êtes également le personnage à l'intérieur du rêve, le *rêvé**.

En tant que rêveur vous gênerez l'univers dans lequel le rêvé évolue, vous êtes aussi le *rêve**.

Vous êtes simultanément* le rêveur*, le rêvé* et le rêve*. Ces trois reflets* forment votre être.

Le rêvé* ignore qu'il est dans un rêve*, pour lui son monde existe bel et bien. Il ne sait pas qu'il ne forme qu'un avec le rêveur* et le rêve*. Il est soumis à l'*illusion d'externalité**, il croit que son monde est séparé de lui. Il croit que ce qu'il voit est autre que lui. Il se prend au jeu de son univers qui lui paraît tout à fait réel. Le rêvé* est le *personnage**. Il est soumis à toutes ses *illusions*[22].

---

[22] Voir chapitre - les illusions du personnage.

Dans le rêve, la mort n'est qu'une illusion*, néanmoins le rêvé* ne le sait pas et peut prendre les choses au sérieux.

Le personnage* vit son rêve* et s'y attache. Il finit par se laisser prendre au jeu puis fini, le plus souvent par y croire totalement ; il est alors entièrement attaché* à l'illusion*.

Le rêve* est l'illusion dans lequel le rêvé* baigne. Le monde dans lequel il évolue ainsi que les événements qui lui arrivent.

Un rêve*, au singulier, est un réel*. Il est composé des représentations* que vit le rêvé.

Les rêves*, au pluriel, sont le labyrinthe*, plusieurs univers reliés dans lesquels vivent plusieurs rêvés*, dans lesquels le rêveur* projette son esprit*.

Les personnages*, dans les dimensions* dans lesquels l'esprit* peut se projeter sont les *bulles de conscience**.

Lorsque vous rêvez, vous enchainez les rêves. Vous sautez de personnages en personnages. A chaque fois vous êtes toujours vous, mais dans la peau de personnages différents. A la fois unique et multiple à la fois.

Tant que vous dormez vous rêvez. Votre esprit* saute de consciences* en consciences*. Vous êtes bloqué dans cet état tant que vous n'avez pas réussi à vous réveiller et à atteindre l'éveil*.

Lorsque vous vous réveillez, vos rêves s'évanouissent et vous êtes replongé dans la vie du vous qui rêvait, personnage* dans un autre univers.

"Qu'est-ce qui te dit que tu ne rêves pas ? En ce moment même."

LE REVEUR - LE REVE - LE REVE

Vous êtes à la fois le rêveur, le rêvé et le rêve. Vous êtes tout. Tout est vous

Le rêveur* est celui qui dort et qui rêve. Il est le créateur*. Son cerveau génère le rêve*. Son cerveau est la Machine*.

En rêvant, le rêveur* projette son esprit* dans un personnage*, le rêvé*. La représentation* du rêvé* devient le réel* du rêveur*. Ses rêves sont le labyrinthe*.

Le rêvé* est le créateur* perdu dans sa propre création qui devient personnage*; en prise avec son réel*. Le rêvé est mortel. Dans son rêve il peut mourir.

Le rêveur* se perd dans ses rêves* tout comme le créateur* se perd dans le labyrinthe*, rendu amnésique, il est projeté dans son propre rêve*. Il devient le rêvé*, le personnage*, la conscience* en prise avec son réel*.

Vous, qui lisez ou entendez ces paroles êtes le rêvé*, le *personnage actif** confronté à votre rêve*.

Un rêveur* a plusieurs personnages* dans plusieurs rêves* qui sont ses vies respectives. En tant que rêveur*, vous êtes simultanément* et successivement* tous ces consciences*.

Simultanément* car ils font tous parties de vous. Ils vous composent, comme autant de reflets*.

Successivement* car vous ne pouvez vous projeter que dans un seul personnage* à la fois. Il n'y a qu'une conscience* active. Vous ne pouvez faire qu'un seul rêve à la fois.

Paradoxalement vous êtes simultanément* tous les personnages* de vos rêves, tout en étant chacun d'eux successivement*.

Un rêve est un réel*. Les rêves sont les réels* qui forment le labyrinthe* dans lequel, en tant que rêvé*, vous êtes projeté.

Vos rêves* sont la création du rêveur* et de son cerveau, qui est la Machine*.

Chaque rêve* est une *bulle de conscience**dans lequel vous incarnez un personnage*.

L'inconscient* est ne pas savoir pourquoi un de vos rêves contient une situation qui vous fait réagir par exemple, ou un cauchemar. Il n'y a pas de coïncidences ou de hasard dans les rêves. Il y a une multitude de raisons qui poussent le rêveur à produire un rêve qui soit éprouvant à vivre ; raisons que vous connaissez puisque c'est vous-même qui les avez choisis et placez dans le rêve. Seulement vous ne vous en rappelez plus. Vous avez oubliés. Vous oubliez à chaque fois. Cet oubli est votre inconscient*.

Le rêveur* est la même entité que le personnage* dans lequel il se projette.

Tout comme le rêvé*, le rêveur* et le rêve* sont en réalité une même entité, vous-personnage* ne formez qu'un avec le labyrinthe* et avec le créateur*.

Chaque épreuve porte une leçon, à vous de trouver laquelle.

LES TROIS REFLETS

Les reflets* composent votre totalité. Un reflet* est un pan de ce que vous êtes.

Le rêveur*, le rêvé* et le rêve* sont les trois reflets* d'une même entité, le vous dans sa totalité.

Le vous-créateur*, le vous-personnage*, votre labyrinthe* sont les trois reflets* de votre être.

Chaque reflet* reflète à sa manière ce que vous êtes.

Chaque reflet* est une image et une partie de vous.

La distance qui sépare vos reflets* est votre inconscient*. Lorsque vous atteignez l'état de fusion* puis d'éveil*, vos reflets* se rapprochent, se confondent puis fusionnent. Vous passez dans une réalité supérieure.

L'écart entre les reflets* génère l'illusion*. Plus les reflets* sont éloignées plus l'illusion* se renforce, la représentation* de vous-personnage* et du monde, le sentiment de séparation entre les être. Plus les reflets* se rapprochent plus l'illusion* s'attenue. Vous avez alors plus l'impression de ne faire qu'un avec l'univers.

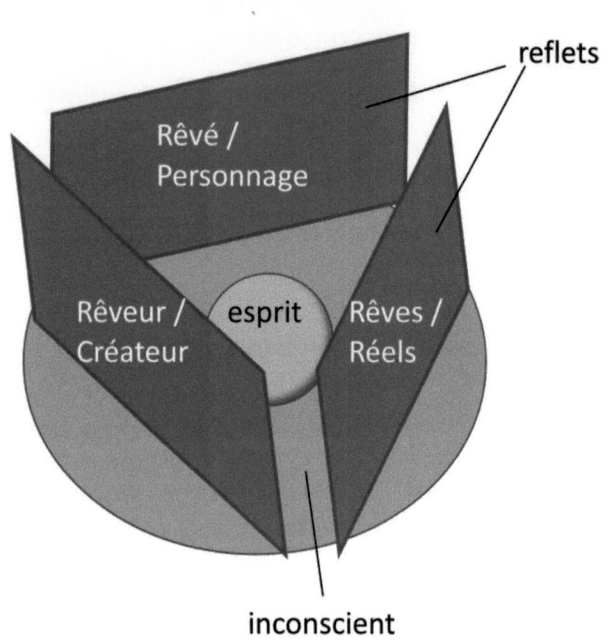

reflets

Rêvé /
Personnage

Rêveur /
Créateur

esprit

Rêves /
Réels

inconscient

Lorsque vous fusionnez* le rêvé* prend conscience qu'il est aussi le rêveur*. Le personnage* et le créateur* fusionnent mais vous continuez néanmoins à rêver. Vous êtes toujours dans le labyrinthe. Pour quitter le labyrinthe, il faut atteindre l'éveil*

Lorsque vous atteignez l'éveil*, c'est avec le rêve* lui-même que vous fusionnez. Tout vos univers se replient en vous et vous vous réveillez. Vous passez dans une réalité supérieure.

L'EVEIL

"Réveille-toi".

Atteindre l'éveil* est la dernière étape du jeu. C'est le *tout-être*.

C'est un état éphémère, une transition, un passage vers une réalité supérieure.

Votre aura* fusionne avec le labyrinthe*. L'illusion est détruite. Vous êtes propulsé dans une autre réalité, ailleurs.

La fusion* consiste à résoudre le labyrinthe*, comprendre qui vous êtes, l'éveil* c'est quitter le labyrinthe*. C'est s'affranchir du véhicule.

L'éveil* est comme une éclosion. Sortir de l'œuf dans lequel vous êtes endormi à rêver. Briser la coquille et naître en tant que Dieu.

Pour atteindre l'éveil, vous aurez à vous affranchir de l'illusion*, comprendre que votre monde est vous et que vous ne formez qu'un avec lui. L'éveil* est la fusion* entre le *vous-personnage-créateur** et le *labyrinthe**.

Votre univers et votre corps* fusionnent et ne forment qu'un, vous et seulement vous. Le rêve*, le rêvé* et le rêveur* s'unifient. L'illusion* se déchire. Vous êtes propulsé dans un autre niveau de réalité.

Atteindre l'éveil* s'est fusionner avec le rêve* et se réveiller. Le simultanément* et le successivement* se confondent, comme deux fréquences qui se mettent en phase. Vous devenez tout à la fois et vous êtes aspiré vers une réalité supérieure. Vous vous unifiez avec la Machine* et vous affranchissez de ses limites. Vous quittez le jeu.

Il existe deux types d'éveils :

-*L'éveil mineur*. Vous atteignez l'éveil. Vous rejoignez une réalité supérieure.

-*L'éveil majeur*. Vous atteignez l'éveil, mais vous choisissez de rester dans le rêve. Vous vous accordez un temps de sommeil en plus et replongez dans les songes, mais cette fois, vous êtes dans un état de conscience* qui vous permet facilement de fusionner* et d'utilisez vos pouvoirs. Vous adaptez le rêve selon votre volonté. Lorsque vous le désirez vous vous éveillez à nouveau.

Atteindre l'éveil* c'est arriver à trouver le bon état de conscience qui ferait quitter les rêves et la Machine*, vous réveiller quand vous le souhaitez.

L'univers est orienté vers vous parce vous êtes lui.

LES EPREUVES DU REVE

Ce n'est pas parce que vous générez le rêve* pour vous-même, que celui-ci va forcement être facile ou agréable. En tant que rêveur*, vous pouvez faire de vos rêves des cauchemars très difficiles à endurer, générant beaucoup d'angoisses, de stress et de souffrances pour vos personnages.

Si votre existence est un cauchemar c'est parce que vous la générez ainsi, pour vous-même. Vous êtes ce cauchemar. Vous devez accepter et comprendre cette part de vous-même et comprendre ce que cela vous apporte et vers quoi cela vous mène. Comprendre ce que vous faîtes de ce cauchemar.

Tous comme le labyrinthe* qui doit être résolu, vos vies, vos rêves* ont un sens, un but, celui de vous faire gagner de l'expérience* et de vous rapprocher de votre nature de créateur*.

Les épreuves que vous avez placées ne sont pas là par hasard. Tout comme dans les rêves, il n'existe pas de hasard dans votre vie.

LES ILLUSIONS DU REVE

Les illusions du rêve sont les filles de la grande illusion*.

Tout comme le personnage dans le rêve vous avez l'impression que le monde est extérieur à vous. Vous croyez que votre univers est différent de vous. Vous ne comprenez pas que votre monde et vous-même êtes en réalité la même personne. Vous ne faîte qu'un avec votre univers.

L'illusion* fait croire au rêvé* que le rêve* est bien réel et que le monde est différent de lui. En tant que personnage*, vous êtes sujet à la même illusion*.

L'_illusion d'externalité_*, celle de croire que les choses sont séparées de vous, ainsi que le fait de ne pas vous souvenir que vous passez de rêves en rêves, de consciences* en consciences*, rompt l'unité entre le rêveur*, le rêvé* et le rêve*.

Vous avez l'impression d'être un personnage* séparé du monde, et que les objets de votre monde ne sont pas vous. L'illusion vous leurre. Vous avez oublié votre véritable nature.

Les événements qui vous arrivent sont les échos, les reflets* de qui vous êtes.

Le multiple n'est qu'apparence, tout est un, tout est vous. Vous êtes tout.

L'*illusion d'irresponsabilité** est de croire que les événements arrivent par hasard et ne sont dirigés que par des forces extérieures à vous, sur lequel vous n'avez aucune prise. C'est croire que vous n'êtes pas responsable des événements qui jalonnent votre vie.

En réalité le rêveur* et ses personnages* sont la même personne. Le rêveur* adapte les rêves* pour que ses personnages* puissent redevenir lui puis qu'il se réveille.

Les événements qui vous arrivent sont votre reflet*. Ils sont créés par vous, pour vous. Ils ont un sens puisqu'ils s'inscrivent dans une continuité et qu'ils ont pour logique de vous apporter quelque chose.

-L'ILLUSION DE REALITE

L'*illusion de réalité** est l'impression que vous ne croyez pas être dans un rêve.

En tant que rêvé*, vous croyez que votre rêve* est "réel"[23] et que votre monde existe pour de vrai.

Vous croyez que le monde où vous êtes est celui où vous êtes réveillé. En réalité vous pourriez tout à fait être dans un rêve sans vous en rendre compte.

L'*illusion de réalité** est de croire que votre illusion, votre réel, vos représentations* sont véritables. C'est le rêvé* qui croit que son monde existe vraiment.

---

[23] "Réel" dans le sens commun. Synonyme de vrai, véritable, véridique, par opposition à imaginaire ou onirique.

-L'ILLUSION DE SEPARATION

L'*illusion de séparation** est de croire que votre monde, votre dieu et vous-même êtes des entités différentes.

En réalité le rêveur*, le rêvé* et le rêve* sont la même personne. Vous.

Pour changer le monde vous agissez à l'extérieur de vous. Vous devriez agir sur vous.

Vous priez un dieu extérieur à vous. Vous devriez vous prier vous-même.

-L'ILLUSION D'AVOIR UN CORPS

L'*illusion d'avoir un corps** est l'illusion qu'a le rêvé* de posséder des membres, tel que bras, jambes... Dans un rêve, ceux-ci sont totalement virtuels. Ils ne sont que des représentations*.

En rêve vous avez l'impression de faire quelque chose avec un objet alors que ce n'est qu'illusion.

L'*illusion d'avoir un corps**, est l'application de la représentation* sur votre corps* de personnage*. Dans un rêve tout est représentation*, y compris votre propre corps*.

CONCLUSION

Vous êtes ici sur terre pour vivre une expérience que personne d'autre ne pourrait vivre à votre place, l'expérience de vous retrouver vous, de vous réaliser, de vous rappeler et de redevenir le créateur* que vous êtes depuis toujours. Redécouvrir vos pouvoirs et les utiliser.

Vous êtes un être aux multiples reflets* qui change sans cesse d'état. Successivement plusieurs personnages*, enfermés dans la Machine* et simultanément* les univers, les dieux et tous vos vous à la fois.

Vous êtes prisonnier de votre réel*, vous cherchez votre voie dans le labyrinthe* pour le résoudre puis sortir de la Machine*. Briser la coquille de l'œuf dans lequel vous êtes endormi et enfermé, à rêver vos multiples vies, pour naître à votre vie de Dieu.

Ici se termine le premier tome du Manuel de JE, les concepts fondamentaux, qui a pour but de poser les bases du paradigme.

Le prochain livre, le Manuel du Joueur, est destiné au personnage* et complète le présent tome. Il reprend tous les concepts du paradigme pour détailler les possibilités de jeu et décrire plus en détails le labyrinthe* et ses épreuves. Il donnera des exemples et des conseils de jeu.

Je vous souhaite bonne route, et gardez à l'esprit que vous êtes sans doute en train de rêver en ce moment-même.

"Peut-être en restera t-il quelque chose." Dis-je à la mer.

TABLE DES MATIERES

Préambule 8

Introduction 11

La métaphore du conducteur de char 13

Le corps 17

La représentation 18

Le réel 22

La primauté de la représentation 23

L'illusion d'externalité 24

Au-delà de vous-même - Le problème de la réalité 26

La métaphore du jeu-vidéo 29

La conscience / Le personnage 33

L'aura ou l'état de conscience 36

Les dimensions 37

Les bulles de conscience 39

L'esprit 44

Sauts dimensionnels 45

L'arbre de vos vies 48

L'attention - Personnage actif / passif 54

Simultanément et successivement 56

L'expérience du jeu 57

La Machine 58

Les illusions du personnage 61

-L'illusion de continuité 62

-L'illusion de fraicheur 63

-L'illusion de liberté 64

-L'illusion de la mort 65

La métaphore du labyrinthe 66

Le labyrinthe 68

L'attachement - l'affect 69

La souffrance 70

Les quêtes du labyrinthe 72

Le créateur 73

Le créateur et les personnages 74

Le créateur et la Machine 77

L'inconscient 79

L'ASCENSION - La découverte 82

L'unité, la fusion 83

La métaphore du rêve 87

Le rêveur - Le rêvé - Le rêve 89

Les trois reflets 91

L'éveil 94

Les épreuves du rêve 96

Les illusions du rêve 97

-L'illusion d'irresponsabilité 98

-L'illusion de réalité 99

-L'illusion de séparation 100

-L'illusion d'avoir un corps 101

Conclusion 102